004 SERVICE

004 *Gemüse und Obst für den Vorrat*
005 *Nützliche Küchenhelfer*
009 *Gläser und Gefäße*
011 *Gemüse und Obst einlegen*
013 *Lieblingsgerichte einmachen*
015 *Gemüse fermentieren Schritt für Schritt*
019 *Trockenvorrat pikant und süß*
020 *Saisonkalender*
120 *Glossar*
122 *Register*
126 *Bezugsadressen*
128 *Impressum*

Einmachen & Fermentieren

Einfache Rezepte für Sauerkraut, Kimchi & Co.

TEXT
PETRA CASPAREK

FOTOS
FOTOS MIT GESCHMACK

023 **EINGELEGTES**

025 Buntes Gemüse von sauer bis scharf

029 Allerlei Gurken

033 Bunte Spieße und Feines zum Würzen

037 Gemüse in Öl

042 Fein eingelegtes Obst

049 **EINGEMACHTES**

051 Kohl in Variationen

056 Bunte Gemüsegerichte

061 Tomatensaucen für den Vorrat

063 Gemüse aus Meer und Erde

068 Raffiniertes Obst

077 **FERMENTIERTES**

079 Klassisches Weinsauerkraut

081 Farbenfrohe Gemüsevielfalt

100 Klassiker Salzzitronen

102 Türkischer Gemüsedrink

105 **GETROCKNETES**

106 Aromatische Pilze

108 Feine Gemüse

112 Obst zum Naschen

116 Tee und Aufguss

119 Essbare Blüten

Alles hausgemacht!

Aromen kombinieren, köstlich duftendes Obst und knackig frisches Gemüse konservieren – die Vorfreude auf die Ergebnisse lässt einen die »Arbeit« fast vergessen.

Der Genuss, der schon beim Zubereiten entsteht, entschädigt doppelt für den ganzen Aufwand. Wunderbar aromatische Äpfel aus dem Garten schmecken nicht nur roh köstlich, sondern lassen – zu Apfelkompott (siehe S. 75) gekocht – Pfannkuchen zum Festessen werden. Weißkohl, mit viel Kraft gehobelt und geknetet, wird zum unschlagbar feinen Kurkumakraut (siehe S. 99), das manch frischen Salat in den Schatten stellt.

Saisonal, frisch und kostengünstig

Gartenbesitzer können ein Lied davon singen, wenn im Gurkenbeet Hochsaison herrscht und die Zweige des Johannisbeerstrauchs ihre reife Last kaum noch tragen können. Dann ist schnelles Verarbeiten angesagt, und neue Rezepte bieten eine willkommene Abwechslung. Wenn im Sommer und Herbst das Angebot auf dem Wochenmarkt, in der Biokiste oder im Bioladen schier überwältigend ist, kommen aber auch Kochbegeisterte ohne Garten am Erntesegen nicht so einfach vorbei. Dann juckt es in den Fingern und mit der Aussicht auf viele köstlich gefüllte Gläser wird schnell ein Wochenende fürs Einmachen reserviert.

Obstmeditation und Gemüseklatsch

Der eine schätzt das Schnippeln und Einmachen als meditative Aufgabe. Dem anderen liefert eine üppige Ernte den Anlass, liebe Menschen zum gemeinsamen Vorbereiten und Einkochen einzuladen. Denn kaum etwas ist gemütlicher und kommunikativer, als mit Freunden am Küchentisch zu sitzen und gemeinsam zu werkeln.

Gute, gesunde Speisen

Ganz klar, bei selbst Eingekochtem, Getrocknetem und Fermentiertem weiß man immer, was im Glas ist. Keine Aromastoffe, keine künstlichen Konservierungsmittel, keine Geschmacksverstärker – nur Gemüse, Obst, Gewürze und Kräuter werden hier verarbeitet. Damit so viele Vitamine wie möglich erhalten bleiben, wird nicht zu heiß eingekocht und getrocknet bzw. das Gemüse direkt roh fermentiert.

Wenn es mal sehr schnell gehen muss

Wer kennt das nicht: Arbeiten »bis zum Anschlag«, dann schnell in die Küche und ein Essen auf den Tisch zaubern. Wer da nicht auf industriell gefertigte Mahlzeiten zurückgreifen möchte, hat mit selbst eingemachten Gerichten immer eine fixe Mahlzeit griffbereit: Lieblingsspeisen, die schnell aufgewärmt sind oder Gemüse, die sich gut kalt essen lassen, sind ein prima Vorrat.

Geschenke aus dem Vorrat

Eingemachte Lieblingsgerichte – darüber freuen sich auch alle, die gerne gut essen, aber vielleicht nicht so gerne kochen. Zu einer Einladung bunte Gemüsespießchen mitbringen oder ein Rhabarberkompott mit Himbeeren – hübsch verpackt werden diese Spezialitäten zu tollen Geschenken.

KELOMAT

Die Küchenausstattung fürs Einkochen

1 | Zum Putzen, Schneiden und Schälen…

… sind große Bretter mit und ohne Saftrinne die Basis. Eines davon sollte für Obst reserviert sein, damit Kompott & Co. später nicht nach Zwiebeln oder Knoblauch schmecken. Gut gepflegte, scharfe Messer erleichtern die Arbeit enorm, hier empfiehlt es sich in Qualität zu investieren. Mit einem großen Kochmesser sind die meisten Schneidearbeiten ruckzuck erledigt. Ein kleines Gemüsemesser hilft bei der Feinarbeit. Ebenfalls praktisch: ein Sparschäler mit scharfer Klinge. Alles, was mit Schale verarbeitet wird, sollte gründlich mit einer Gemüsebürste abgeschrubbt werden. Die Bürste nach Gebrauch an einem luftigen Platz gut trocknen lassen.

2 | In Form bringen…

… lassen sich Obst und Gemüse mit einem stabilen Gemüsehobel, am besten verstellbar für unterschiedlich dicke Scheiben. Zum Raspeln kleinerer Mengen ist eine Vierkantreibe ein guter Helfer. Eine leistungsstarke Küchenmaschine hobelt und raspelt größere Mengen in kürzester Zeit. Geht's ums ganz feine Zerkleinern, ist ein Pürierstab angesagt.

3 | Fürs Kochen, Mischen und Abseihen…

… sind große, 5–10 Liter fassende Schüsseln unverzichtbar, am besten aus säurefestem Edelstahl oder aus Emaille. Passend große Seiher und feine Siebe gehören zur Grundausstattung. Weitere wichtige Helfer: große Töpfe zum Kochen bzw. Vorgaren des Einmachguts sowie ein passender Siebeinsatz zum schonenden Dämpfen.

4 | Zum Befüllen

Geht es ums Befüllen der Gläser, hat sich ein Einfülltrichter mit breiter Öffnung für Kleingeschnittenes und Flüssiges bewährt. Mit einem hitzefesten Messbecher lassen sich kochend heiße Flüssigkeiten kleckerfrei einfüllen. Zum Sauberwischen der Glasränder fusselfreie Mikrofasertücher besorgen, die ausschließlich für diesen Zweck verwendet werden.

5 | Spezialgeräte

Wer regelmäßig größere Mengen Obst und Gemüse für den Vorrat zubereitet, wird sich das ein oder andere Spezialgerät zulegen. Sinnvoll sind ein ausreichend großer Einkochautomat und ein Dörrgerät mit Timer. Diese bekommt man schon ab ca. 40 Euro. Oftmals lohnt sich auch ein Blick in die unterste Küchenschublade. Ist dort nicht ein Stampfer aus Holz untergetaucht, der fürs Sauerkrautmachen hilfreich ist? Auch Apfelausstecher, Kirschenentsteiner und Bohnenschneider sind tolle Küchenhelfer, die beim Einkochen nur auf ihren Einsatz warten.

6 | Lagern

Was nicht verschenkt wird, benötigt einen kühlen, dunklen Lagerplatz. Das kann ein geschlossener Schrank in einem ungeheizten Raum sein (ja, auch das Schlafzimmer eignet sich!) oder Vorratskammer und -keller. Immer wichtig: die Gläser regelmäßig kontrollieren. Sitzt der Deckel fest, riecht es unangenehm, bilden sich Pfützen oder schimmelt gar der Glasinhalt? Solche Gläser ggf. aussortieren und den Inhalt entsorgen.

Bonne Maman

Sicher, sauber und appetitlich aufbewahren

1 | Gläser mit Schraubdeckeln

... bzw. mit sogenannten Twist-off-Deckeln sind Allround-Talente. Gerade Sturzgläser eignen sich mit ihrer breiten Öffnung besonders gut, weil sie sich leicht befüllen lassen. Schraubdeckelgläser mehrfach verwenden, nur ihre Deckel austauschen, falls sie die Gerüche des zuvor Eingekochten angenommen haben.

2 | Zweiteiliger Drehverschluss

Er besteht aus einem flachen Deckel und einem passenden Ring mit Drehverschluss. Diese Gläser mit ihrem nostalgischen Look eignen sich gut für Eingekochtes zum Verschenken.

3 | Steinzeugtöpfe

Sie werden oft fälschlicherweise als Steingut bezeichnet. Man verwendet sie fürs Fermentieren. Es gibt sie ab 2 Liter Inhalt. Die braunen oder grauen Töpfe haben um die Öffnung herum eine Überlaufrinne, außerdem einen Deckel und Steine zum Beschweren. Die Töpfe vor dem Gebrauch mit handwarmem Essigwasser auswaschen und einige Tage offen lüften. Kleine Steinzeugtöpfe eignen sich für Kimchi und 1-Personen-Sauerkrautmengen, die größeren mit 10 Liter Inhalt und mehr bewahren den Sauerkrautvorrat für die ganze Familie auf.

4 | Bügelverschlussgläser

Sind ideal zum Fermentieren, denn Glas und Gummiring bleiben im Kontakt mit Salz und Milchsäurebakterien neutral und unbeschädigt. Aufsteigender Schaum beim zu üppigen Befüllen kann auch bei geschlossenem Deckel aus dem Glas entweichen (Teller unterstellen!). Bügelverschlussgläser gibt es in Größen von 125 Milliliter bis 5 Liter Inhalt.

5 | »Weckgläser«

Einkochgläser mit Klammern und Gummiringen sind bei uns unter dem Namen »Weckgläser« geläufig. Ihre Deckel sitzen vor dem Einkochen locker auf den Gläsern, dazwischen befindet sich ein Gummiring. Die Klammern zum Fixieren können nach dem Einkochen entfernt werden, durch das entstandene Vakuum sitzen die Deckel ohne Klammern fest.

6 | Sauberkeit

Zum keimfreien Reinigen Gläser und Deckel 5 Min. in Essigwasser auskochen. Dafür so viel Essigessenz ins Wasser geben, dass es deutlich sauer riecht. Die ausgekochten Gläser zum Abtropfen umgedreht auf saubere Geschirrtücher setzen. Die Deckel ebenfalls auskochen, Metalldeckel abtropfen lassen und mit einem sauberen Geschirrtuch abtrocknen. Gummiringe mindestens 5 Min. in Essigwasser legen, morsche Ringe durch neue ersetzen.

7 | Vakuum

Beim Einkochen entweicht heiße Luft aus den befüllten Gläsern und so entsteht beim Abkühlen ein Vakuum – Garant für längere Haltbarkeit. Ob es funktioniert hat, lässt sich leicht testen: Bei Gläsern mit Schraubdeckeln wölben sich die Deckel nach dem Erkalten des Inhalts leicht nach innen. Bei Weckgläsern und Gläsern mit Drahtbügelverschluss sitzen die Deckel auch nach dem Entfernen der Klammern oder dem Öffnen des Verschlusses fest auf.

1

2

3

4

5

6

Fein konserviert in Sud oder Öl

Pikant eingelegte Gemüse sind nicht nur ideale Begleiter zu kaltem Braten, Fondue und Käseplatte, sondern auch zum Picknick oder zur Brotzeit ein Genuss!

Zunächst ein paar Begriffsklärungen: Beim Einlegen wird rohes oder halbgares Obst und Gemüse in Gläsern mit Sud oder mit Öl heiß aufgegossen und meist zum längeren Haltbarmachen eingekocht. Das Einkochen bis 100° wird als »Pasteurisieren« bezeichnet, vom »Sterilisieren« spricht man bei Einkochtemperaturen zwischen 115 und 135°. Beide Methoden führen zu einem Vakuum im Glas, das für die Haltbarkeit der Lebensmittel sorgt. Die hier vorgestellte Einkochmethode ist das Pasteurisieren, das sich ganz leicht zu Hause durchführen lässt. Alle Rezepte im Buch haben wir im Backofen gemacht, weil es diesen in jeder Küche gibt, während nicht in jedem kleinen Haushalt ein Riesentopf, geschweige denn ein Einkochautomat, vorhanden ist.

Beim Einlegen in würzigem Sud oder Öl behalten Gemüse und Obst einen Großteil ihrer Vitamine und außerdem ihre schöne, appetitliche Farbe. Und so wird's gemacht:

Das Gemüse (z. B. für die Gemüsespießchen, siehe S. 33) putzen, schälen und passend zurechtschneiden (**Bild 1**). Die Stücke bis 3 cm unter den Rand in die vorbereiteten Gläser füllen, größere Gewürze dazwischenstecken (**Bild 2**).

Aus Essig, Wasser, Gewürzen, Salz und Zucker einen sauren Sud kochen (**Bild 3**). Als Faustregel gilt: 250 ml Essig mit 7 % Säure und 750 ml Wasser auf gut 1 kg Gemüse. Hat der Essig nur 6 % Säure, 300 ml Essig und 700 ml Wasser verwenden.

Den kochend heißen Sud bis 2 cm unter den Rand in die Gläser gießen (**Bild 4**). Gewürze aus dem Sud gleichmäßig auf die Gläser verteilen.

Das hohe Blech (Fettpfanne) des auf knapp 100° vorgeheizten Backofens halb in den Backofen schieben, und zwar auf die untere Schiene. Die Gläser mit etwas Abstand zueinander daraufstellen. 2 Liter kochendes Wasser zwischen die Gläser gießen (**Bild 5**). Das Blech ganz einschieben und die Backofentür sofort schließen. Das Gemüse pasteurisieren.

Kalt eingefülltes rohes Gemüse braucht je nach Konsistenz und Größe der Stücke 1–2 Std. zum Garen und Pasteurisieren. Auch der Reifegrad der Zutaten hat Einfluss auf die benötigte Zeit. Ausschlaggebend sind auch persönliche Vorlieben. Fans von Knackigem halten sich am besten an die bei den Rezepten angegebenen Zeiten. Wer es weicher mag, kann Obst und Gemüse vor dem Einlegen noch im Siebeinsatz 10–20 Min. dämpfen.

In Öl eingelegtes Gemüse muss immer vorgegart werden, da es nicht eingekocht wird. Das Öl vorab probieren, es sollte geschmacklich harmonieren und muss nicht unbedingt »nativ« sein, da es auf knapp 100° erhitzt wird. Zum Einlegen das heiße Öl über das Gemüse gießen. Die Gläser sofort verschließen, damit beim Abkühlen ein Vakuum entstehen kann.

1

2

3

4

5

6

Fertige Mahlzeiten aus dem Vorrat

Warum immer nur Marmelade einmachen? Fertige Speisen im Glas sind mindestens genauso leicht herzustellen und sorgen für schnelle und köstliche Mahlzeiten.

Fix und fertig gekochte, in Gläsern eingemachte Gerichte sind ein toller Vorrat für alle, die nicht immer Zeit zum Kochen haben und dennoch gut und gesund essen möchten. Zugegeben, Zeit braucht es auch dafür, aber man kann sie sich gut einplanen. Am besten Kochtage einschieben, wenn Obst und Gemüse auf den Punkt gereift sind. Dann können sie, frisch geerntet aus dem Garten, vom Wochenmarkt oder aus dem Hofladen, direkt zu köstlichem Vorrat eingemacht werden.

Zum Einmachen eignen sich alle Gerichte, die sich generell gut aufwärmen lassen und natürlich solche, die durchs Aufwärmen noch besser werden. Allen voran Eintopfgerichte, Suppen, würzige Gemüsegerichte und Saucen, aber auch feine Obstzubereitungen wie Kompott. Vorteil gegenüber dem Einfrieren: Eingemachtes hält sich kühl und dunkel aufbewahrt ein Jahr und länger, vorausgesetzt, es wurde sehr sauber gearbeitet. Eingemachte Gerichte sind im Nu aufgewärmt und serviert. Und für alle, die nicht kochen wollen oder können, sind sie ein tolles und praktisches Geschenk. Anders als beim Einlegen kommen beim Einmachen fertig gegarte Gerichte ins Glas.

Und so wird's gemacht: Am besten die vier- bis sechsfache Menge eines Lieblingsgerichts (z. B. eine Tomatensauce, siehe S. 61) in einem großen Topf zubereiten, mit viel Flüssigkeit gut durchgaren und kräftig abschmecken **(Bild 1)**.

Die Gläsergröße kalkulieren. Über den Daumen gepeilt reicht der Inhalt eines Glases mit 470 ml Inhalt für 1–2 Portionen, der Inhalt eines Glases mit 870 ml für 3–4 Portionen als Beilage. Die kochend heißen Speisen in die vorbereiteten Gläser bis 3 cm unter den Rand füllen und mit Kochflüssigkeit bedecken. Für stückige oder flüssige Speisen einen Einfülltrichter verwenden **(Bild 2)**. Zügig arbeiten, damit die Speisen nicht abkühlen. Verkleckertes von den Glasrändern mit einem sauberen Tuch sorgfältig abwischen. Die Deckel aufsetzen und sehr fest zudrehen **(Bild 3)**.

Die Gläser mit etwas Abstand zueinander in einen großen Einmachtopf (oder auf das tiefe Backofenblech) stellen, bis kurz unter den Rand heißes Wasser angießen **(Bild 4)**. Das Wasser zum Sieden bringen und die Gerichte 30–40 Min. einkochen, je nachdem, wie heiß ihr Inhalt ist. Ist das einzukochende Gericht ganz abgekühlt, bei 470 ml-Gläsern nochmal ca. 25 Min. Einkochzeit dazurechnen.

Nach dem Einkochen die Gläser aus dem Topf (oder dem Backofen) nehmen. Das geht am besten mit einer speziellen Zange **(Bild 5)**. Die Gläser abtrocknen. Abkühlen lassen.

Das Beschriften nicht vergessen: Inhalt und Datum gehören mindestens aufs Etikett **(Bild 6)**. Die Vorräte kühl und dunkel lagern.

Köstlich und gesund – fermentierte Spezialitäten

Meersalz, Wasser, einen kühlen, dunklen Ort und Geduld – mehr braucht es nicht für unwiderstehlich knackige, säuerliche Gemüsevariationen

In vielen Kulturkreisen wird seit jeher Gemüse fermentiert. Heute ist diese Methode bei uns voll im Trend, denn fermentiertes Gemüse ist gesund, enthält viele Vitamine, Milchsäure sowie aktive, probiotische Mikroorganismen und bereichert uns mit vielen spannenden Aromen.

Was bedeutet eigentlich Fermentation?

Beim Fermentieren geht es um ein gesteuertes Vergären. Milchsäurebakterien verändern das Gemüse, hinzugefügtes Salz und entzogener Sauerstoff unterstützen diesen Vorgang. Die Bakterien bauen Kohlenhydrate zu Milchsäure ab, diese sorgt für Geschmack und Haltbarkeit.

Ansatz mit Salz oder mit Lake

Feste Kohlsorten, aber auch Kohlrabi und Fenchel werden fein gehobelt und mit Salz geknetet, bis sie zart sind und viel Saft ausgetreten ist. Im Gärtopf wird das Gemüse eingestampft und die salzige Flüssigkeit schließt es luftdicht ab. Bei der Fermentation mit Lake wird geschnittenes Gemüse in ein Glas geschichtet und mit einer extra zubereiteten Lake (1 l Wasser und 20–30 g Salz) aufgegossen. Molke, Kichererbsen oder Bulgur kurbeln die Fermentation zusätzlich an. Extra Aroma geben Essig, Kräuter und Gewürze.

Welches Gemüse eignet sich?

Zum Fermentieren eignen sich fast alle Gemüse, die auch roh gut schmecken, wie Paprikaschoten, grüne Tomaten, Artischockenböden, Einlegegurken, Möhren, Staudensellerie oder Blumenkohl. Blattgemüse, Blattsalate und Zucchini hingegen lassen sich nicht gut fermentieren.

Fermentierzeit und Haltbarkeit

Das Gemüse braucht zum Fermentieren ca. 4 Wochen. Je nach Raumtemperatur und Beschaffenheit kann es auch 6–8 Wochen dauern, bis es angenehm säuerlich und schön zart geworden ist. Das Glas keinesfalls vor Ablauf der ersten 4 Wochen öffnen, sonst gelangt Sauerstoff hinein. Danach kann man probieren und entscheiden, ob das Gemüse noch länger fermentieren soll. Fermentiertes Gemüse am besten im Kühlschrank oder an einem kühlen Ort lagern. Wer ein Vakuumiergerät besitzt, kann die Gläser zusätzlich vakuumieren. So wird der Inhalt vor Sauerstoff geschützt und kann nicht schimmeln.

Hilfe, was läuft schief?

Auf dem Gemüse kann sich eine weiße Hefeschicht absetzen, die sogenannte Kahmschicht. Sie ist gesundheitlich unbedenklich, sollte jedoch abgehoben werden, damit sie sich nicht weiter vermehrt. Setzt sich grünlicher Schimmel ab, ist das Gemüse verdorben und muss entsorgt werden. Auch bei unangenehmen Gerüchen ist Vorsicht geboten. Beim Fermentier-Vorgang können unterschiedlichste Gärgase entweichen, die seltsam riechen, aber fertig fermentiertes Gemüse riecht immer appetitlich.

1

2

3

4

5

6

7

Und so wird's gemacht

Gemüse fermentieren gelingt ganz leicht und lässt viel Raum für eigene Kreationen. Nach diesem Grundrezept lassen sich immer wieder neue, spannende Geschmackskombinationen ausprobieren.

1 kg frisches Biogemüse, z. B. Fenchel, waschen und putzen, Fenchelkraut abschneiden und beiseitelegen. Die Knollen vierteln und in 2 cm große Stücke schneiden. 1 Bio-Orange waschen, die Schale fein abreiben, die Filets auslösen. Alles locker in ein Glas mit Bügelverschluss (1 ½ Liter) bis 6 cm unter den Rand füllen (**Bild 1**). 1 TL Fenchelsamen daraufstreuen.

25 g unraffiniertes Meersalz (aus dem Bioladen) in 1 Liter kaltem Wasser unter Rühren auflösen. Die Lake bis 4 cm unter den Rand über das Gemüse gießen (**Bild 2**).

Zum Beschweren eine Keramikscheibe auf das Gemüse legen. Alternativ eine passend zurechtgeschnittene Scheibe aus einem Kunststoffbehälter, z. B. einem Eiscremebehälter verwenden. Darauf ein kleines, halb mit Wasser gefülltes Marmeladen- oder Wasserglas setzen (**Bild 3**). Es muss so hoch sein, dass es mit dem Schließen des Deckels das Gemüse herunterdrückt, sodass es vollständig mit Lake bedeckt ist. Weitere Alternativen: einen mit Wasser oder Glasmurmeln gefüllten, gut verschlossenen Gefrierbeutel verwenden. Auf einem Etikett Start und voraussichtliches Ende der Fermentation notieren.

Das Gefäß an einen dunklen, warmen Ort (20–22°) stellen. Man kann das Glas auch mit einem dunklen Tuch vor Licht schützen. Das Gemüse täglich kontrollieren. Dabei das Glas keinesfalls öffnen! Steigen in der Lake kleine Bläschen auf, hat die Fermentation begonnen (**Bild 4**).

Wenn es im Glas blubbert, wenn sich Blasen an der Oberfläche der inzwischen trüb gewordenen Lake bilden, ist die Fermentation in vollem Gang. Man kann das Glas nun an einen kühleren, dunklen Ort (16–18°) stellen. Blubbert es richtig heftig und das Glas ist zu voll, kann schon einmal etwas Lake überlaufen. Am besten einen Teller unter das Glas stellen (**Bild 5**).

Nach 4–6 Wochen ist das Gemüse in der Regel komplett fermentiert. Dann kann man es zum ersten Mal probieren (**Bild 6**). Ist das Gemüse schön zart, schmeckt es salzig und leicht säuerlich, dann ist es fertig und kann serviert werden. Zum Aufbewahren das angebrochene Glas mit dem Gemüse in den Kühlschrank stellen.

Wer sein fermentiertes Gemüse in kleinere Gläser umfüllen möchte, um z. B. Kostproben zu verschenken oder Reste aufzubewahren, sollte die Gläser unbedingt bis ca. 2 cm unter den Rand befüllen, um sie vor Schimmelbildung zu schützen (**Bild 7**). Wer auf Nummer sicher gehen möchte, kann die Gläser zusätzlich noch vakuumieren. Dafür den gefüllten, verschlossenen Gläsern im Spezialbehälter des Vakuumiergeräts Sauerstoff entziehen. So hält sich das fermentierte Gemüse kühl und dunkel aufbewahrt mindestens 3 Monate, kann aber auch nach 3 Jahren noch gut sein.

30°
40°
50°

Feines aus Backofen und Dörrgerät

Pilze, Wurzelgemüse, Tomaten und reifes Obst für das ganze Jahr haltbar machen: Das funktioniert durch Trocknen ganz einfach.

Ursprünglich trocknete man Lebensmittel klein geschnitten und auf eine Schnur aufgefädelt. So energiesparend diese Methode auch ist, so platzsparend und witterungsunabhängig ist das Trocknen in Backofen und Dörrgerät.

Pilze und Gemüse vorbereiten

Pilze lassen sich sehr gut trocknen. Wurzelgemüse, aber auch Lauch, Paprikaschoten und Kohlrabi eignen sich. Das Gemüse in knapp 1 cm dünne Scheiben, Paprika in 4–5 cm große Stücke schneiden. Tomaten halbieren, entkernen und die Schnittflächen mit Salz bestreuen.

Obst zum Trocknen vorbereiten

Obst, das beim Schneiden braun anläuft, wie Äpfel, Birnen oder Aprikosen, kurz in Zitronenwasser legen und gut trocken tupfen. Äpfel und Birnen schälen, vom Kerngehäuse befreien und in dünne Scheiben schneiden. Aprikosen und Pfirsiche halbieren und entsteinen, Pfirsiche in Spalten schneiden. Pflaumen, Kirschen, Mirabellen und Erdbeeren nur putzen, säubern, von den Stielen befreien und im Ganzen trocknen.

Trocknen im Backofen mit Umluft

Trockengut auf das Ofengitter bzw. ein feinmaschiges Kuchengitter auf das grobe Gitter legen. Backbleche eignen sich auch, hier sollte das Trockengut öfter gewendet werden. Bis 40–50° behalten Gemüse und Obst ihre Vitamine; wenn es schneller gehen soll, bei 50–70° trocknen. Die Ofentür mit Hilfe eines Kochlöffels einen Spaltbreit offen lassen, damit der Dampf entweichen kann. Trocknen im Backofen dauert generell länger als im Dörrgerät.

Trocknen im Dörrgerät

Wer häufig größere Mengen trocknen will, wird sich vielleicht ein Dörrgerät zulegen. Die komfortable Version hat Temperaturregler, Abschaltautomatik und Gitter aus Metall, die man in der Spülmaschine reinigen kann. Bei Kunststoffgittern auf BPA-freien Kunststoff achten (ohne Weichmacher)! Dörrgeräte verbrauchen deutlich weniger Strom als der Backofen.

Trockenzeiten bei vitaminschonenden 50°

Sorte	Trockenzeit *	Konsistenz
Apfel- und Birnenscheiben	6–8 Std.	biegsam
Aprikosen, Kirschen, Pfirsichspalten, Zwetschgen	11–14 Std.	biegsam
Ananas, Erdbeeren	12–16 Std.	biegsam
Grüne Bohnen/ Erbsen (blanchiert)	6–10 Std.	zäh, hart
Sellerie, Kohlrabi, Pastinaken, Möhren, Paprikaschoten	7–10 Std.	biegsam, zäh
Pilze	3–5 Std.	hart, brüchig

* Die Zeiten variieren je nach Dicke der Scheiben und Reifegrad sowie Wassergehalt.

Wann Gemüse am besten ist

	Jan.	Feb.	März	April	Mai	Juni	Juli	Aug.	Sept.	Okt.	Nov.	Dez.
Artischocken				●	●	●						
Auberginen							●	●	●			
Blumenkohl						●	●	●	●	●	●	
Bohnen, grüne					●	●	●	●	●			
Chinakohl										●	●	
Dicke Bohnen (Saubohnen)					●	●	●	●				
Fenchel							●	●	●	●	●	
Grünkohl	●	●	●							●	●	●
Gurken zum Einlegen						●	●					
Hokkaidokürbis	●	●					●	●	●	●	●	●
Knoblauch, junger						●	●	●				
Lauch	●	●	●	●			●	●	●	●	●	●
Möhren, orange und violette						●	●	●	●	●		
Paprikaschoten					●	●	●	●	●	●		
Pastinaken									●	●	●	●
Pilze (wilde)								●	●	●	●	
Rettich					●	●	●	●	●	●		
Romanesco							●	●	●	●		
Rosenkohl	●	●								●	●	●
Rote Bete	●	●	●						●	●	●	●
Rotkohl								●	●	●	●	
Salicorn (Queller)					●	●	●	●				
Spargel, grün				●	●	●						

	Jan.	*Feb.*	*März*	*April*	*Mai*	*Juni*	*Juli*	*Aug.*	*Sept.*	*Okt.*	*Nov.*	*Dez.*
Spitzkohl							x	x	x	x	x	
Tomaten, rote					x	x	x	x	x	x		
Weißkohl	x					x	x	x	x	x	x	x
Wirsing							x	x	x	x	x	
Zucchini					x	x	x	x	x	x		

Wann Obst am besten ist

	Jan.	*Feb.*	*März*	*April*	*Mai*	*Juni*	*Juli*	*Aug.*	*Sept.*	*Okt.*	*Nov.*	*Dez.*
Äpfel, heimische Sorten								x	x	x	x	x
Birnen, heimische Sorten								x	x	x	x	
Feigen									x	x	x	
Holunderbeeren									x	x		
Johannisbeeren, Schwarze							x	x				
Marillen							x	x				
Orangen	x	x									x	x
Pfirsiche							x	x	x			
Quitten									x	x	x	
Rhabarber				x	x	x						
Sauerkirschen							x	x				
Zitronen	x	x								x	x	x
Zwetschgen								x	x	x		

EINGELEGTES

Knackig und pikant oder süßsauer und würzig, köstlich ist es allemal, das eingelegte Gemüse und Obst. Egal, ob Peperoni mit jungem Knoblauch zum Steak oder süßsaure Gurkenscheiben für Hotdog und Hamburger, ob Birnenkompott mit Holunder zum Grießflammeri oder Feigen in Marsala als schnelles, raffiniertes Dessert: Alles lässt sich einfach – ohne große Kocherei – zubereiten und verspricht kulinarische Genüsse, die im Vorratsregal auf ihren Einsatz warten.

Bunte Möhren

mit Koriander

köstlich zum Raclette

Zubereitung: ca. 1 Std. | Einkochen: ca. 45 Min. | Haltbarkeit: ungeöffnet mind. 1 Jahr

Für 5 Gläser (à 400 ml)

je 600 g orangefarbene und gelbe Möhren
300 g violette Möhren
150 g asiatische rote Minizwiebeln (ersatzweise kleine Schalotten oder Perlzwiebeln)
½ Bund Koriander (ersatzweise Petersilie)
250 ml Weißweinessig (6 % Säure)
1–1 ½ EL Salz
1 EL Zucker
2 EL Korianderkörner

1 Die Höhe der Einmachgläser innen abmessen. Die Möhren schälen und putzen, die orangefarbenen und die gelben längs halbieren, die violetten längs vierteln. Möhren in Stücke schneiden, sie sollen in den Gläsern bis ca. 3 cm unter den Rand aufrecht stehen. Die Minizwiebeln schälen, größere halbieren oder vierteln.

2 Die Möhren farblich getrennt in einen Dämpfeinsatz legen und die Zwiebeln daneben verteilen. 500 ml Wasser in den Topf darunter füllen und die Möhren bei schwacher bis mittlerer Hitze 15–20 Min. dämpfen, bis sie bissfest sind. Koriander abbrausen, trocken schütteln und klein zupfen.

3 Die Möhren farblich abwechselnd in die Gläser stecken, das geht am besten, wenn man die Gläser hinlegt. Kräuter und Zwiebeln dazwischenstecken. Den Backofen auf knapp 100° vorheizen und 2 l Wasser aufkochen. Den Essig mit 750 ml Wasser, dem Salz, dem Zucker und den Korianderkörnern aufkochen und über die Möhren bis 2 cm unter den Gläserrand gießen. Sofort verschließen.

4 Das hohe Blech halb in den Ofen schieben (unten), die Gläser mit Abstand zueinander daraufstellen und das kochend heiße Wasser angießen. Das Blech ganz einschieben und die Ofentür sofort schließen. Die Möhren ca. 45 Min. einkochen. Die Gläser herausnehmen und abkühlen lassen, anschließend kühl und dunkel lagern. Nach dem Öffnen im Kühlschrank aufbewahren und bald verbrauchen.

Clever zubereiten

Die **violetten Möhren** nur in kleinen Mengen verwenden, sie färben den Sud stark und übertönen leicht die gelben und orangen Möhren. Zum Schälen der violetten Möhren am besten **Einmalhandschuhe** tragen. Anstelle von violetten Möhren auch mal dünne Petersilienwurzeln verwenden.

Schalotten mit Sherryessig

ein schönes Geschenk

Zubereitung: ca. 1 Std. | Einkochen: ca. 1 Std. | Ruhen: mind. 2 Wochen | Haltbarkeit: ungeöffnet mind. 1 Jahr

Für 6 Gläser (à 400 ml)

1 ½ kg kleine Schalotten (ersatzweise Perlzwiebeln)
Schale von ½ Bio-Orange
6 kleine Lorbeerblätter
250 ml Sherryessig (7 % Säure)
1 TL Pimentkörner
1 TL Pfefferkörner
1 TL Zimtblüten
1 ½ EL Salz
100 g Zucker

1 Schalotten schälen, größere halbieren. In die Gläser schichten. Orangenhälfte heiß waschen, die Schale in einem 1 cm breiten Streifen sehr dünn abschälen, in 6 Stücke schneiden und mit den Lorbeerblättern auf die Gläser verteilen.

2 Den Backofen auf knapp 100° vorheizen, 2 l Wasser zum Kochen bringen. Den Essig mit 700 ml Wasser aufkochen, Piment, Pfefferkörner, Zimtblüten und Salz dazugeben. Den Zucker in einem Topf haselnussbraun karamellisieren. Essigmischung dazugießen und alles offen bei mittlerer Hitze ca. 5 Min. kochen. Die Essigmischung und die Gewürze gleichmäßig bis 3 cm unter den Rand auf die Gläser verteilen, sodass die Schalotten mit Flüssigkeit bedeckt sind.

3 Gläser verschließen und auf das hohe Blech des Backofens stellen. Halb in den Ofen schieben (unten), kochendes Wasser angießen, ganz einschieben und die Tür schließen. Schalotten ca. 1 Std. einkochen, im Ofen abkühlen lassen. An einem kühlen Ort mind. 2 Wochen ruhen lassen.

Peperoni mit Knoblauch

***pikant** | Zubereitung: ca. 1 ½ Std. | Einkochen: ca. 1 Std. | Haltbarkeit: ungeöffnet mind. 1 Jahr*

Für 9 Gläser (à 200 ml)

1 frische Knoblauchknolle
500 g rote Peperoni
300 g grüne Peperoni
9 Stiele Minze
450 ml Weißweinessig (6 % Säure)
45 g Salz
30 g Zucker

1 Den Knoblauch schälen, die Zehen längs halbieren. Die Peperoni waschen und trocken tupfen. Die Stiele abschneiden und die Kerne vorsichtig herauslösen. Das gelingt am besten, indem man die Enden abschneidet und die Kerne, z. B. mit einem Essstäbchen, vorsichtig herausschiebt.

2 Peperoni in ½ cm dünne Ringe schneiden, mit den Knoblauchhälften bis 3 cm unter den Rand in die Gläser füllen. Minze abbrausen, in 4 cm lange Stücke schneiden und zwischen die Peperoni stecken.

3 Den Backofen auf knapp 100° vorheizen, 2 l Wasser aufkochen. Den Essig mit 1,1 l Wasser, Salz und Zucker in einem Topf aufkochen und bis 2 cm unter den Rand in die Gläser füllen, sodass alles bedeckt ist. Die Gläser verschließen, nebeneinander auf das hohe Backblech stellen und in den Ofen schieben (unten). Kochendes Wasser angießen und die Ofentür schließen. Die Peperoni ca. 1 Std. einkochen. Herausnehmen und vor dem Essen abkühlen lassen.

Saure Gurken mit Dill

knackiger Klassiker

Zubereitung: ca. 1 ½ Std. | Wässern: ca. 24 Std. | Einkochen: ca. 1 Std. | Durchziehen: ca. 4 Wochen | Haltbarkeit: ungeöffnet mind. 1 Jahr

Für 6–7 Gläser (à 500 ml)

2 kg möglichst kleine Einlegegurken
4 EL Salz
250 g Perlzwiebeln
1 Stück Meerrettich (5 cm)
1 Bund Dill
6–7 frische Lorbeerblätter
6–7 Dillblüten (vom Markt)
500 ml Weißweinessig (6 % Säure)
60 g Zucker
2 EL gelbe Senfsamen

1 Die Gurken unter fließend kaltem Wasser abbürsten, um Härchen und Schmutz zu entfernen. Gurken in eine große Schüssel legen, mit 3 EL Salz bestreuen und mit kaltem Wasser bedeckt ca. 24 Std. wässern.

2 Am nächsten Tag die Gurken abgießen, abbrausen und gründlich abtropfen lassen. Die Perlzwiebeln putzen und schälen. Meerrettich schälen und in 6–7 Stücke schneiden. Den Dill abbrausen, trocken schütteln und die Stiele in 7 cm große Stücke schneiden. Gurken, Perlzwiebeln, Meerrettich, Lorbeerblätter, Dill und Dillblüten bis 3 cm unter den Rand in die sorgfältig gereinigten Gläser füllen.

3 Den Backofen auf knapp 100° vorheizen, 2 l Wasser aufkochen. Essig mit 600 ml Wasser, übrigem Salz, Zucker und den Senfsamen aufkochen. Die kochend heiße Flüssigkeit bis 2 cm unter den Rand in die Gläser füllen, sodass die Gurken bedeckt sind. Gläser fest verschließen.

4 Das hohe Blech halb in den Ofen schieben (unten), die Gläser daraufstellen und das kochend heiße Wasser angießen. Das Blech ganz einschieben und die Ofentür sofort schließen. Die Gurken ca. 1 Std. einkochen. Aus dem Ofen nehmen und abkühlen lassen. Vor dem Verzehr 4 Wochen an einem kühlen, dunklen Ort durchziehen lassen.

Clever variieren

Für Pfeffergürkchen **2 kg Cornichons** wie beschrieben waschen, über Nacht wässern, abbrausen und abtropfen lassen. **2 rote Zwiebeln** schälen und in dünne Spalten schneiden. Die Cornichons mit den Zwiebelspalten und pro Glas **1 frischen Dillblüte** in die Gläser füllen. **500 ml Weißweinessig (6 % Säure)** mit **40 g Zucker, 1 EL Salz** und **2 EL schwarzen Pfefferkörnern** aufkochen, in die Gläser füllen und sofort verschließen. Wie im Rezept oben beschrieben einkochen und mind. 2 Wochen durchziehen lassen.

Gurkenscheiben süßsauer

für Hotdogs und Hamburger

Zubereitung: ca. 1 ½ Std. | Einkochen: ca. 1 Std. | Durchziehen: ca. 2 Wochen | Haltbarkeit: ungeöffnet mind. 1 Jahr

Für 5 Gläser (à 400 ml)

1 kg mittelgroße Gärtnergurken mit dunkelgrüner Schale
150 g Perlzwiebeln
300 ml Weißweinessig (6 % Säure)
100 g Zucker
1 ½ EL Salz
2 EL gelbe Senfsamen
50 g frische Kurkumawurzel

1 Die Gurken waschen, putzen und auf dem verstellbaren Gemüsehobel oder von Hand in ½ cm dünne Scheiben schneiden und bis 2 cm unter den Rand auf die sorgfältig gereinigten Gläser verteilen.

2 Die Perlzwiebeln schälen und halbieren. Weißweinessig mit 700 ml Wasser, Zucker, Salz, Senfsamen und Zwiebeln in einen Topf geben. Die Kurkumawurzel dünn schälen und fein würfeln. Dabei am besten Einmalhandschuhe tragen, denn die Wurzel färbt die Haut intensiv gelb.

3 Den Backofen auf knapp 100° vorheizen, 2 l Wasser aufkochen. Kurkuma ebenfalls in den Topf geben, alles aufkochen, bei mittlerer Hitze ca. 5 Min. kochen, dann sofort bis ca. 1 cm unter den Rand in die Gläser gießen und die Gläser sofort verschließen. Das hohe Blech halb in den Ofen schieben (unten), die Gläser daraufstellen und das kochende Wasser angießen. Das Blech ganz einschieben und die Ofentür schließen.

4 Die Gurken ca. 1 Std. einkochen. Herausnehmen und abkühlen lassen. Vor dem ersten Probieren ca. 2 Wochen durchziehen lassen. Dunkel und kühl aufbewahren.

Clever variieren

Für scharfe Gurkensticks die **Gärtnergurken** waschen, putzen und längs achteln. Die Gurkensticks, falls nötig, halbieren und bis 4 cm unter den Rand in die Gläser stecken. **1 Stück Ingwer (6 cm)** schälen und in Scheiben schneiden. Von **2 Stängeln Zitronengras** die äußeren Blätter entfernen, Zitronengras andrücken und in 6 cm lange Stücke schneiden. Mit dem Ingwer und pro Glas **1 getrockneten Chilischote** zu den Gurken geben. **250 ml Weißweinessig (6 % Säure)** mit **750 ml Wasser**, **1 ½ EL Salz** und **1 EL Zucker** aufkochen und über die Gurken gießen. Die Gläser sofort verschließen und wie beschrieben einkochen.

Sauerscharfe Gemüsespießchen

sehr dekorativ

Zubereitung: ca. 45 Min. | Einkochen: ca. 1 ½ Std. | Haltbarkeit: ungeöffnet mind. 1 Jahr

Für 7–8 Gläser (à 400 ml)

2 dünne Möhren
250 g Blumenkohl
200 g Staudensellerie
1 rote Peperoni
200 g Perlzwiebeln
150 g Gärtnergurke
7–8 kleine frische Lorbeerblätter
2 EL getrockneter grüner Pfeffer
1 EL Wacholderbeeren
400 ml Champagner- oder Weißweinessig (6 % Säure)
1 ½ EL Salz | 2 EL Zucker

Außerdem:

ca. 30 Holz- oder Bambusspießchen (sie müssen aufrecht in die Gläser passen)

1 Die Möhren schälen, putzen und in 1 cm dicke Scheiben schneiden. Den Blumenkohl waschen, putzen und die kleinen Röschen herauslösen. Größere Röschen vom Strunk aus in 4 Stücke teilen, ohne sie zu sehr zu zerkrümeln.

2 Sellerie waschen, putzen und in ca. 2 cm breite Stücke schneiden. Peperoni waschen, Stiel abschneiden und die Schote in 1 cm breite Stücke schneiden. Perlzwiebeln schälen und längs halbieren. Gurke waschen, putzen und mit Schale in 1 ½ cm dicke Scheiben schneiden, diese vierteln.

3 Das Gemüse abwechselnd auf die Holzspießchen stecken und diese auf die Gläser verteilen. Je 1 Lorbeerblatt in jedes Glas geben, grünen Pfeffer und Wacholderbeeren auf die Gläser verteilen. Den Backofen auf knapp 100° vorheizen, 2 l Wasser aufkochen.

4 Den Essig mit 900 ml Wasser, dem Salz und dem Zucker aufkochen und bis 2 cm unter den Rand in die Gläser füllen. Sofort verschließen. Das hohe Blech des Backofens halb in den Ofen schieben (unten), die Gläser daraufstellen und das kochend heiße Wasser angießen. Das Blech in den Ofen schieben und die Tür schließen.

5 Die Spießchen 1 ¼–1 ½ Std. einkochen, je nachdem wie dick das Gemüse geschnitten ist und wie bissfest man es mag. Die Gläser herausnehmen, abkühlen lassen und kühl und dunkel aufbewahren. Die Spießchen als Tapas oder Antipasti reichen. Sie machen sich auch gut zur Käseplatte.

Clever tauschen

Wer es lieber fruchtig mag, kann anstelle der roten Peperoni **1 dickfleischige rote Gemüsepaprikaschote** nehmen. Die Schote putzen, waschen und in 2 cm große Stücke schneiden. Für noch mehr Fruchtaroma anstelle des Champagner- oder Weißweinessigs natürlich aromatisierten **Himbeeressig** verwenden.

Balsamico-Zwetschgen

köstlich zu Wild

Für 5 Gläser (à 400 ml) **1 ½ kg Zwetschgen** waschen, abtrocknen, seitlich einschneiden, entsteinen und in eine Schüssel geben. **1 Bio-Orange** heiß waschen, dünn schälen und die Schale dazulegen. **1 Stück Ingwer (6 cm)** schälen, in dünne Scheiben schneiden. **500 ml Aceto balsamico** mit **500 ml Wasser**, **1 TL Szechuanpfeffer**, dem Ingwer und **½ EL Salz** aufkochen. Über die Zwetschgen gießen, mit einem Teller beschweren und über Nacht ziehen lassen. Zwetschgen in ein Sieb abgießen, in die Gläser füllen, Sud in einem Topf auffangen, aufkochen und bis 2 cm unter den Rand in die Gläser gießen. Verschließen und im heißen Wasserbad im knapp 100° heißen Ofen ca. 30 Min. einkochen. 4 Wochen durchziehen lassen. Haltbarkeit: ca. 1 Jahr.

Quitten süßsauer

sehr aromatisch

Für 6 Gläser (à 400 ml) **2 kg Quitten** waschen und mit der Schale im 160° heißen Ofen ca. 45 Min. backen. Quitten schälen, vierteln, entkernen und quer in 1 cm dünne Scheiben schneiden. Quittenscheiben bis 3 cm unter den Rand in die Gläser füllen. Für den Sud **400 ml Apfelessig (7 % Säure)** mit **900 ml Wasser**, **100 g Honig**, **100 g Zucker**, **1 EL Salz**, **6 kleinen Sternanis**, **12 Gewürznelken** und **3 halbierten Zimtstangen** aufkochen. Den Sud bis 2 cm unter den Rand in die Gläser gießen, die Gewürze und **1–2 TL getrocknete Chiliflocken** zwischen den Quittenstücken verteilen. Gläser verschließen. Die Quitten im heißen Wasserbad im knapp 100° heißen Backofen 1 Std. einkochen. Herausnehmen und abkühlen lassen. Haltbarkeit: ca. 1 Jahr.

Gari – scharfer Ingwer

unverzichtbar für Sushi

Für 5 Gläser (à 200 ml) **500 g zarten, jungen Ingwer** waschen und schälen. Ingwer auf dem Gemüsehobel in sehr dünne Scheiben schneiden und bis 4 cm unter den Rand auf die Gläser verteilen. **500 ml Reisessig (4,5 % Säure)** mit **90 g Zucker** und **2 TL Salz** aufkochen, bis 2 cm unter den Rand auf die Ingwerscheiben gießen und die Gläser sofort verschließen. Im heißen Wasserbad im knapp 100° heißen Backofen ca. 30 Min. einkochen, herausnehmen und abkühlen lassen. Mind. 1 Woche durchziehen lassen. Haltbarkeit: ca. 1 Jahr. Für eine mildere Variante **gehobelten Ingwer** mit **2 TL Salz** mischen und 1 Std. Saft ziehen lassen. Danach mit Küchenpapier trocken tupfen und wie im Rezept beschrieben zubereiten, jedoch nur 1 TL Salz für den Sud nehmen.

Scharfer Asia-Kürbis

pikant mit Ingwer und Galgant

Für 4 Gläser (à 400 ml) **1 kg Hokkaidokürbis** waschen, putzen und in 1 × 8 cm große Streifen schneiden. **4 Schalotten** schälen und längs vierteln. **1 Stück Ingwer (6 cm)** und **1 Stück Galgant (8 cm)** schälen und in 2 mm dünne Scheiben schneiden. Von **4 Stängeln Zitronengras** die äußeren Blätter entfernen, die Stängel andrücken und halbieren. Alles auf die Gläser verteilen, pro Glas **1 kleine getrocknete rote Chilischote** dazwischenstecken. **600 ml Reisessig (4,5 % Säure)** mit **400 ml Wasser, 100 g Zucker** und **2 TL Salz** aufkochen, bis 2 cm unter den Rand auf die Kürbisstücke gießen. Gläser verschließen. Im heißen Wasserbad im knapp 100° heißen Ofen 1 ½ Std. einkochen. Mind. 2 Wochen durchziehen lassen. Haltbarkeit: ca. 1 Jahr.

1
2
3

Artischocken mit Rosmarin, Zitronen und Orangen

schmeckt nach Sonne und Meer

Zubereitung: ca. 1 ½ Std. | Durchziehen: ca. 2 Wochen | Haltbarkeit: ungeöffnet mind. 6 Monate

Für 6 Gläser (à 300 ml)

3 Zitronen (davon
1 Bio-Zitrone)
Salz
16 große Artischocken
1 Bio-Orange
2 Zweige frischer Rosmarin
1 TL schwarze Pfefferkörner
ca. 600 ml bestes Olivenöl

1 1 Zitrone auspressen und mit 500 ml kaltem Wasser in eine Schüssel geben. 1 EL Salz dazugeben und unter Rühren auflösen. Die Artischocken waschen. Die Blätter rundherum knapp am Boden abschneiden und wegwerfen. Die dünnen Blättchen innen und das Heu mit einem Löffel aus den Artischockenböden herausschaben (**Bild 1**). Die Stiele schälen, die Böden halbieren oder vierteln (**Bild 2**) und in das Zitronenwasser legen.

2 Den Backofen auf 200° vorheizen. Artischockenböden aus dem Wasser nehmen, trocken tupfen und in eine ofenfeste Form legen. Nochmals 1 Zitrone auspressen. Die Artischocken mit 4 EL Zitronensaft beträufeln und mit Salz bestreuen. Die Form mit Alufolie abdecken und die Artischocken im Ofen (Mitte) ca. 45 Min. backen, bis sie gar sind, aber noch Biss haben.

3 Die Artischockenböden auf die Gläser verteilen. Die Bio-Zitrone und die Bio-Orange heiß waschen, abtrocknen und so dünn schälen, dass das Weiße an den Früchten bleibt. Die Schalenstreifen in 5 cm lange Stücke teilen. Rosmarin abbrausen, sorgfältig trocken tupfen und in Stücke schneiden.

4 Zitrusschalen- und Rosmarinstücke zwischen die Artischockenböden stecken. Den Pfeffer darüberstreuen. Das Olivenöl auf ca. 100° erhitzen (bis kleine Blasen aufsteigen) und auf die Artischockenböden gießen, bis diese bedeckt sind (**Bild 3**). Die Gläser sofort verschließen und den Inhalt abkühlen lassen. Mind. 2 Wochen durchziehen lassen. An einem dunklen, kühlen Ort, aber nicht im Kühlschrank, aufbewahren.

Clever tauschen

Köstlich schmecken die Artischocken auch mit in dünne Streifen geschnittenen Schalen von **Salzzitronen** (siehe S. 101).

Geröstete Auberginen in Olivenöl

Antipasti vom Feinsten

Zubereitung: ca. 1 Std. | Durchziehen: ca. 2 Wochen | Haltbarkeit: ungeöffnet mind. 3 Monate

Für 4 Gläser (à 400 ml)

- 8 dicke Auberginen
- 4 dicke Stangen Staudensellerie
- 1 Zitrone
- ca. 600 ml bestes Olivenöl
- Salz
- 3 EL Kapern (in Salz)
- 4 getrocknete Chilischoten
- 2 TL getrocknete Nana-Minze (aus dem türkischen Lebensmittelgeschäft, ersatzweise frische Minze)

1 Den Backofen auf 190° Umluft vorheizen, 2 Backbleche mit Backpapier belegen. Die Auberginen waschen, putzen und längs in 1 ½ cm dicke Scheiben schneiden. Die Selleriestangen waschen, putzen, trocken tupfen und quer in 1 cm breite Stücke schneiden.

2 Die Auberginenscheiben dicht nebeneinander auf die Backbleche legen. Die Zitrone auspressen. Die Auberginenscheiben mit Zitronensaft und 8 EL Olivenöl bestreichen und mit Salz bestreuen. Die Selleriestangen um die Auberginen herum verteilen. Das Gemüse im heißen Ofen ca. 30 Min. garen, die Auberginenscheiben einmal wenden. Wenn sie leicht braun werden, ist das Gemüse fertig.

3 Die Auberginenscheiben in 4 cm breite Stücke schneiden, leicht zusammenklappen und abwechselnd mit den Selleriestücken, den Kapern und den Chilischoten in die Gläser schichten. Die getrocknete Minze obendrauf geben.

4 Das übrige Öl auf ca. 100° erhitzen und auf das Gemüse gießen, bis dieses ca. 1 cm hoch damit bedeckt ist. Mit einem Glasgewicht beschweren, sodass das Gemüse luftdicht unter dem Öl aufbewahrt ist. Ca. 2 Wochen an einem kühlen, dunklen Ort durchziehen lassen. Dann mit Brot und italienischem Käse servieren. Restliches gewürztes Öl zum Kochen verwenden.

Clever variieren

Für Pilze in Öl **1 ½ kg möglichst große, aromatische Pilze**, wie Egerlinge, Champignons, Austernpilze und Steinpilze, trocken abreiben und in 1 ½ cm dicke Scheiben schneiden. Dicht nebeneinander auf ein Backblech legen, mit **Zitronensaft** und **Olivenöl** bestreichen, mit **Salz** und **Pfeffer** bestreuen. **4 junge Knoblauchzehen** in große Stücke schneiden, dazwischenlegen und alles im Ofen 30–40 Min. rösten. Die Pilze in 4 Gläser (à 300 ml) schichten, dazwischen **kleine Thymian- und Rosmarinzweige** stecken. Weiter verfahren wie ab Schritt 4 beschrieben.

Gegrillte Zucchiniröllchen mit Feta in Olivenöl

Fingerfood im Glas

Zubereitung: ca. 1 ½ Std. | Durchziehen: ca. 2 Wochen | Haltbarkeit: ungeöffnet ca. 1 Monat

Für 4 breite, niedrige Gläser (à 470 ml)

1 kg kleine, feste Zucchini (am besten die blassgrünen aus dem türkischen Lebensmittelgeschäft, ersatzweise gelbe und dunkelgrüne gemischt)
6 rote Peperoni
4 EL Zitronensaft
ca. 600 ml bestes Olivenöl
Salz
150 g Schafskäse (Feta)
1–2 Bund Petersilie
3 frische Knoblauchzehen
1 TL schwarze Pfefferkörner

1 Die Zucchini waschen, putzen und längs in 1 cm dicke Scheiben schneiden. Die Peperoni waschen, Stiele abschneiden. Die Peperoni längs aufschneiden, aber nicht durchschneiden. Die Kerne entfernen.

2 Die Zucchinischeiben mit Zitronensaft und Olivenöl dünn bestreichen, mit Salz bestreuen und portionsweise in der Grillpfanne auf jeder Seite ca. 4 Min. grillen, sie sollen weich und leicht braun werden. Fertige Zucchinischeiben auf einem Teller stapeln. Peperoni aufklappen und in der Grillpfanne auf jeder Seite ca. 2 Min. grillen.

3 Den Schafskäse trocken tupfen und in 3–4 cm lange Stücke schneiden. Die gegrillten Peperoni längs in ca. ½ cm breite Streifen schneiden. Je 1 Stück Schafskäse und 1 Streifen Peperoni in eine Zucchinischeibe wickeln.

4 Die Petersilie abbrausen und sorgfältig trocken tupfen. Die Blättchen und die zarten Stiele grob hacken. Den Knoblauch schälen und fein hacken. Petersilie und Knoblauch mit ½ TL Salz und etwas Olivenöl im Mörser leicht andrücken und die Mischung auf die Gläser verteilen.

5 Die Zucchiniröllchen aufrecht dicht nebeneinander in die Gläser auf die Petersilienmischung stellen, sodass sie sich gegenseitig stützen und nicht aufwickeln können. Die Pfefferkörner darüberstreuen. Das übrige Öl auf ca. 100° erhitzen und auf die Zucchiniröllchen gießen, bis sie gut damit bedeckt sind. Die Röllchen mind. 2 Wochen an einem kühlen, dunklen Ort durchziehen lassen. Dann mit frischem Brot als kleine Vorspeise servieren. Restliches gewürztes Olivenöl zum Kochen verwenden.

Clever tauschen

Anstelle von Schafskäse lassen sich die Zucchiniröllchen auch gut mit einem schnittfesten **Ziegenfrischkäse**, mit **Ricotta salata** oder mit griechischem **Manouri-Käse** füllen.

Birnen mit Holunderbeeren

traumhaftes Dazu fürs Dessert

Zubereitung: ca. 1 Std. | Einkochen: ca. 1 ½ Std. | Haltbarkeit: ungeöffnet mind. 1 Jahr

Für 4 Gläser (à 870 ml)

- 2 kg kleine, aromatische Birnen (z. B. Gute Luise oder Gellerts Butterbirnen)
- 1 kg Holunderbeeren
- 2 Zitronen
- 350 g Honig
- 100 g Zucker
- 2 halbierte Zimtstangen

1 Die Birnen rundherum vorsichtig schälen, die Stiele dabei an den Früchten lassen. Die Birnen auf die Gläser verteilen, es sind 3–4 Stück pro Glas.

2 Die Holunderbeeren abbrausen, abtropfen lassen und von den Stielen streifen. In einen großen Topf geben und mit 1,5 l Wasser auffüllen. Die Zitronen auspressen. Den Honig, den Zucker, die Zimtstangen und den Zitronensaft zu den Holunderbeeren geben und alles aufkochen. Ca. 5 Min. sprudelnd kochen lassen.

3 Den Backofen auf knapp 100° vorheizen, 2 l Wasser aufkochen. Die kochend heißen Holunderbeeren mit der Flüssigkeit auf den Birnen verteilen, sodass die Birnen ganz damit bedeckt sind. Die Gläser sofort verschließen.

4 Das hohe Blech des Backofens zur Hälfte einschieben (unten) und die Gläser daraufstellen. Das kochende Wasser angießen, das Blech ganz hineinschieben und die Ofentür schließen. Die Birnen mit den Holunderbeeren ca. 1 ½ Std. einkochen. Herausnehmen und abkühlen lassen.

5 Die Gläser mit den Früchten kühl und dunkel aufbewahren. Zum Servieren die Birnen halbieren und die Holunderbeeren nach Wunsch kurz erhitzen. Beides schmeckt besonders gut zu Grießflammeri oder mit 1 Kugel Zimteis. Es passt aber auch zu Herzhaftem, etwa zu einem gut gereiften Brie oder zu einem Wildbraten.

Clever tauschen

Wer keine frischen Holunderbeeren bekommt, kann entweder **TK-Beeren** (Onlineversand) oder reinen **Holunderbeerensaft** für das Rezept verwenden. Sehr gut schmecken die Birnen aber auch mit **Heidelbeeren** eingekocht, die das Obst intensiv dunkelviolett färben.

Johannisbeeren in Rotwein

fein zu Vanilleeis und Crêpes

Zubereitung: ca. 1 Std. | Saft ziehen: 12–24 Std. | Einkochen: ca. 1 Std. | Haltbarkeit: ungeöffnet ca. 1 Jahr

Für 4 Gläser (à 400 ml)

1 ½ kg Schwarze Johannisbeeren
500 g feiner Zucker
4 kleine, frische Lorbeerblätter
1 l trockener Rotwein mit ausgeprägtem Beerenaroma (z. B. Primitivo)

1 Die Johannisbeeren abbrausen, abtropfen lassen und von den Rispen streifen. In einer Schüssel mit dem Zucker mischen und zugedeckt 12–24 Std. Saft ziehen lassen. Gelegentlich durchrühren, damit sich der Zucker auflösen kann.

2 Die Johannisbeer-Zucker-Mischung in einem Sieb abtropfen lassen, den Saft in einem Topf auffangen. Die Johannisbeeren bis jeweils 3 cm unter den Rand in die Gläser füllen. Die Lorbeerblätter zwischen die Beeren stecken.

3 Den Backofen auf knapp 100° vorheizen, 2 l Wasser aufkochen. Den Rotwein zum Johannisbeersud geben und aufkochen. Die kochend heiße Mischung bis jeweils 2 cm unter den Rand in die Gläser füllen, Gläser sofort verschließen.

4 Gläser auf das hohe Backblech stellen, halb in den Ofen schieben (unten). Das kochend heiße Wasser angießen, das Blech ganz einschieben, die Tür schließen. Beeren ca. 1 Std. einkochen, herausnehmen. Kühl und dunkel aufbewahren.

Feigen in Marsala

schnell und einfach | *Zubereitung: ca. 45 Min.* | *Einkochen: ca. 1 Std.* | *Haltbarkeit: ungeöffnet ca. 1 Jahr*

Für 5 breite, niedrige Gläser (à 470 ml)

1 ½ kg kleine, reife, nicht zu weiche Feigen
2 Bio-Orangen
1 Stück Ingwer (6 cm)
250 g Zucker
750 ml trockener oder halbtrockener Marsala
Saft von 2 Zitronen
4 Gewürznelken
8 Kardamomkapseln

1 Feigen waschen und abtrocknen. Die Stiele abschneiden und die Früchte an dieser Stelle kreuzweise ca. 1 ½ cm tief einschneiden. Orangen heiß waschen und in dünne Scheiben schneiden. Abwechselnd mit den Feigen – diese mit den Einschnitten nach oben – in die Gläser schichten.

2 Ingwer schälen und klein schneiden. Zucker in einem Topf haselnussbraun karamellisieren lassen, mit 200 ml Wasser ablöschen. Marsala, Zitronensaft und Gewürze dazugeben und alles ca. 5 Min. offen kochen. Den Backofen auf knapp 100° vorheizen, 2 l Wasser aufkochen.

3 Den kochend heißen Sud bis 2 cm unter den Rand in die Gläser gießen, die Gewürze gleichmäßig verteilen. Die Gläser verschließen und auf das tiefe Blech des Backofens stellen. Halb in den Ofen schieben (unten), das kochend heiße Wasser angießen. Das Blech ganz einschieben, Tür schließen. Die Feigen ca. 1 Std. einkochen. Herausnehmen, abkühlen lassen, kühl und dunkel aufbewahren.

Orangen in Rum-Nelken-Sirup

schön würzig

Zubereitung: ca. 45 Min. | Einkochen: ca. 45 Min. | Haltbarkeit: ungeöffnet ca. 1 Jahr

Für 5 Gläser (à 300 ml)

10 vollreife, aromatische Orangen
300 g Zucker
1 TL Gewürznelken
80 ml brauner Rum

1 Die Orangen wie Äpfel mit einem scharfen Messer rundherum schälen, auch die dünne weiße Haut mit abschneiden. Den austretenden Saft dabei auffangen. Die Orangen quer in dünne Scheiben schneiden und bis 3 cm unter den Rand in die Gläser füllen.

2 Den Orangensaft mit dem Zucker, 600 ml Wasser und den Gewürznelken aufkochen. Den Sud bei mittlerer Hitze offen ca. 10 Min. köcheln lassen. Den Backofen auf knapp 100° vorheizen, 2 l Wasser aufkochen.

3 Den Sud vom Herd nehmen, den Rum unterrühren und die Mischung bis 2 cm unter den Rand in die Gläser füllen, sodass die Orangenscheiben vollständig bedeckt sind. Die Gewürznelken gleichmäßig auf die Gläser verteilen.

4 Die Gläser sofort verschließen und auf das hohe Blech des Backofens stellen. Das Blech halb in den Ofen schieben (unten), das kochend heiße Wasser angießen. Das Blech ganz in den Ofen schieben und die Tür schließen. Die Orangen ca. 45 Min. einkochen. Herausnehmen und abkühlen lassen. Kühl und dunkel aufbewahren. Die Früchte schmecken köstlich pur, aber auch zu Schokoladeneis oder zu Bayerischer Creme.

Variante: Kumquats mit Cranberrys

Für 6 Gläser (à 200 ml) | **600 g Kumquats** waschen, abtrocknen und rundherum mehrmals mit einer dicken Stopfnadel einstechen. **300 g frische Cranberrys** waschen und trocken tupfen. Kumquats und Cranberrys in die Gläser verteilen. Für den Sirup **300 ml ungesüßten Cranberrysaft** und **300 ml Wasser** mit **400 g Zucker, 1 TL Gewürznelken, 6 Sternanis** und **6 halben Zimtstangen** aufkochen und offen ca. 3 Min. kochen lassen. **80 ml Rum** unterrühren und den kochend heißen Sud auf die Gläser verteilen, sodass die Früchte komplett bedeckt sind. Im auf knapp 100° vorgeheizten Ofen im heißen Wasserbad ca. 1¼ Std. einkochen. Herausnehmen und abkühlen lassen. Die Kumquats sind ungeöffnet ca. 1 Jahr haltbar.

EINGEMACHTES

Lieblingsgerichte, fertig aus dem Glas – diesen Luxus kann genießen, wer beizeiten größere Mengen davon zubereitet und in weiser Voraussicht eingekocht hat. Selbst gekochte Speisen im Glas sind eine tolle Sache, wenn die Zeit mal nicht zum frischen Kochen reicht. Ein über Stunden geschmortes Blaukraut mit Äpfeln oder Fenchelgemüse mit Oliven etwa lassen sich im Handumdrehen aufwärmen und sind leckere Begleiter zu Bratwurst, Kartoffeln & Co.

Blaukraut mit Äpfeln

aufgewärmt am besten

Zubereitung: ca. 1 Std. | Schmoren: ca. 1 ½ Std. | Einkochen: ca. 40 Min. | Haltbarkeit: ungeöffnet mind. 1 Jahr

Für 6 Gläser (à 470 ml)

3 kleine Köpfe Blaukraut (ca. 2 ½ kg)
2 Gemüsezwiebeln
3 Äpfel (Sorte Boskop)
80 g Butterschmalz
1 Bio-Orange
je 1 TL Gewürznelken und Zimtblüten
4 große Lorbeerblätter
400 ml trockener Rotwein
Salz | Pfeffer
50–70 ml Rotweinessig
2–3 EL Johannisbeergelee oder Preiselbeerkonfitüre (nach Belieben)

Außerdem:

Mullsäckchen oder Teebeutel aus Papier und Küchengarn

1 Das Blaukraut waschen, putzen, vierteln und auf dem Gemüsehobel in feine Streifen hobeln. Die Zwiebeln schälen und klein würfeln. Die Äpfel schälen, vierteln, Kerngehäuse entfernen und die Viertel in kleine Stücke schneiden.

2 Das Butterschmalz in einem großen Topf erhitzen und die Zwiebeln darin andünsten. Das Blaukraut nach und nach dazugeben, unterrühren und andünsten. Zum Schluss die Äpfel hinzufügen und kurz andünsten. Die Orange heiß waschen, abtrocknen und die Schale sehr fein abreiben. Den Saft auspressen. Nelken und Zimtblüten in ein Mullsäckchen oder einen Teebeutel aus Papier geben und mit Küchengarn zubinden. Orangenschale, Orangensaft, Gewürzsäckchen und Lorbeerblätter zum Gemüse geben.

3 Das Blaukraut mit dem Wein ablöschen, mit Salz und Pfeffer würzen und unter gelegentlichem Rühren bei schwacher Hitze 1 ½ Std. schmoren, bis es schön weich und von Gewürzaromen durchdrungen ist. Das Gewürzsäckchen gut ausdrücken und mit den Lorbeerblättern entfernen.

4 Den Backofen auf knapp 100° vorheizen, 2 l Wasser aufkochen. Das Blaukraut mit Rotweinessig, Johannisbeergelee oder Preiselbeerkonfitüre, Salz und Pfeffer herzhaft abschmecken und bis 3 cm unter den Rand in die Gläser füllen. Die Gläser verschließen, auf das hohe Blech des Backofens stellen und halb in den Backofen schieben (unten). Das kochend heiße Wasser angießen, das Blech ganz in den Ofen schieben und die Ofentür sofort schließen. Das Blaukraut ca. 40 Min. einkochen, herausnehmen und abkühlen lassen. An einem kühlen und dunklen Platz aufbewahren. Blaukraut mit Schweinebraten und Knödeln oder mit Rostbratwürsten und Bratkartoffeln servieren.

Sauerkraut mit Möhren

schön deftig

Zubereitung: ca. 45 Min. | Schmoren: ca. 1 ½ Std. | Einkochen: ca. 40 Min. | Haltbarkeit: ungeöffnet mind. 1 Jahr

Zutaten für 4 Gläser (à 870 ml)

3 Zwiebeln
500 g Möhren
3 EL Sonnenblumenöl
50 g Zucker
2 ½ kg frisches Sauerkraut (selbst gemacht oder offenes Fasskraut)
Salz | Pfeffer
1–2 EL süßer körniger Senf
2 TL Wacholderbeeren
3 Lorbeerblätter
2 TL Kümmelsamen
750 ml kräftige Gemüsebrühe (Instant)

1 Zwiebeln und Möhren schälen und klein würfeln. Das Öl in einem kleinen Topf erhitzen, Zwiebeln und Möhren darin anbraten, beiseitestellen. Zucker in einem großen Topf karamellisieren. Sauerkraut, Zwiebeln und Möhren dazugeben und unterrühren. Auf schwache Hitze herunterschalten und das Sauerkraut mit Salz, Pfeffer und Senf würzen. Wacholderbeeren, Lorbeerblätter und Kümmelsamen dazugeben und untermischen.

2 Die Brühe erhitzen und dazugießen. Sauerkraut zugedeckt ca. 1 ½ Std. schmoren, evtl. etwas Wasser dazugeben.

3 Den Backofen auf knapp 100° vorheizen, 2 l Wasser aufkochen. Sauerkraut herzhaft abschmecken, bis 3 cm unter den Rand in die Gläser füllen, verschließen. Gläser auf das hohe Blech des Backofens stellen und halb hineinschieben (unten). Das kochend heiße Wasser angießen, Blech ganz einschieben und die Ofentür schließen. Das Sauerkraut ca. 40 Min. einkochen, herausnehmen und abkühlen lassen.

Grünkohl mit Kartoffeln

für kalte Wintertage

Zubereitung: ca. 1 Std. | Schmoren: ca. 1 ½ Std. | Einkochen: ca. 40 Min. | Haltbarkeit: ungeöffnet mind. 1 Jahr

Für 6 Gläser (à 470 ml)

2 kg Grünkohl
2 Zwiebeln
120 g Butter
1,5 l heiße Gemüsebrühe
900 g vorwiegend festkochende Kartoffeln
Salz | Pfeffer
frisch geriebene Muskatnuss
1 Spritzer Zitronensaft zum Abschmecken

1 Grünkohl waschen und mit den zarten Stielen fein hacken. Zwiebeln schälen und würfeln. 60 g Butter in einem großen Topf erhitzen, Zwiebeln darin andünsten. Grünkohl dazugeben und unter Wenden andünsten. Brühe dazugeben, den Kohl zugedeckt bei mittlerer Hitze ca. 1 Std. garen.

2 Kartoffeln schälen, in 3 cm große Stücke schneiden. Nach 1 Std. Kochzeit unter den Kohl rühren, salzen und pfeffern. Zugedeckt ca. 30 Min. schmoren. Mit dem Kartoffelstampfer zerdrücken, mit Salz, Pfeffer, Muskat und Zitronensaft herzhaft abschmecken. Übrige Butter unterrühren.

3 Backofen auf knapp 100° vorheizen, 2 l Wasser aufkochen. Kohl kochend heiß bis 3 cm unter den Rand in die Gläser füllen, verschließen. Gläser auf das hohe Blech des Backofens stellen und halb hineinschieben (unten). Wasser angießen, Blech ganz einschieben, Tür schließen. Kohl ca. 40 Min. einkochen, herausnehmen und abkühlen lassen.

Wirsing mit Maronen und Steinpilzen

edel kombiniert

Zubereitung: ca. 45 Min. | Schmoren: ca. 35 Min. | Einkochen: ca. 40 Min. | Haltbarkeit: ungeöffnet mind. 1 Jahr

Für 6 Gläser (à 470 ml)

1 ½ kg Wirsing
Salz
Eiswasser
6 frische Steinpilze (ersatzweise 10 g getrocknete Steinpilze, 30 Min. in warmem Wasser eingeweicht)
3 rote Zwiebeln
80 g Butterschmalz
200 ml trockener Weißwein
250 ml Gemüsebrühe
Pfeffer
200 g Maroni (gegart und vakuumiert)
einige Zweige frischer Thymian
Zucker
Cayennepfeffer
etwas Zitronensaft zum Abschmecken

1 Den Wirsing putzen, dicke Blattrippen flach schneiden. Die Blätter waschen und in 4 cm große Stücke schneiden. Reichlich leicht gesalzenes Wasser aufkochen, die Wirsingblätter portionsweise kurz darin blanchieren und zum Abschrecken in Eiswasser geben. Anschließend in einem Sieb gut abtropfen lassen.

2 Die Steinpilze putzen und mit Küchenpapier trocken abreiben, nicht waschen! Steinpilze in Scheiben schneiden. Zwiebeln schälen und in Spalten schneiden. 20 g Butterschmalz erhitzen und die Zwiebeln darin kurz andünsten, vom Herd nehmen und beiseitestellen.

3 Restliches Butterschmalz in einem großen Topf erhitzen, den Wirsing darin portionsweise andünsten, ohne ihn zu bräunen. Wein und Brühe angießen. Wirsing zugedeckt bei mittlerer Hitze ca. 20 Min. schmoren. Mit Salz und Pfeffer abschmecken. Backofen auf knapp 100° vorheizen, 2 l Wasser aufkochen.

4 Die Maroni halbieren, mit Steinpilzen und Zwiebeln zum Wirsing geben. Thymian abbrausen und trocken tupfen, die Blättchen abstreifen, grob hacken und dazugeben. Alles 10–15 Min. schmoren. Das Gemüse mit Salz, Pfeffer, 1 Prise Zucker, Cayennepfeffer und 1 Spritzer Zitronensaft herzhaft abschmecken.

5 Das Wirsinggemüse bis 3 cm unter den Rand in die Gläser füllen und die Gläser sofort verschließen. Gläser auf das hohe Blech des Backofens stellen, zur Hälfte in den Ofen schieben (unten) und das kochend heiße Wasser angießen. Das Blech ganz einschieben, die Ofentür schließen und das Gemüse ca. 40 Min. einkochen. Herausnehmen, abkühlen lassen und kühl und dunkel aufbewahren.

Clever servieren

Das Gemüse im Wasserbad oder im Topf erwärmen und nach Wunsch mit **1 Schuss Sahne** verfeinern. Es passt gut zu Schweinemedaillons und zu Rinderbraten oder auch einfach nur zu knusprigen Bratkartoffeln.

Fenchel mit Oliven

***mediterran** | Zubereitung: ca. 45 Min. | Einkochen: ca. 40 Min. | Haltbarkeit: ungeöffnet mind. 1 Jahr*

Für 4 Gläser (à 400 ml)

2 kg Fenchelknollen
500 g aromatische Tomaten
2 weiße Zwiebeln
4 junge Knoblauchzehen
3 EL Olivenöl
2 TL Fenchelsamen
300 ml trockener Weißwein
150 g schwarze entsteinte Oliven
Salz | Pfeffer

1 Fenchel waschen, putzen, das Fenchelgrün hacken und beiseitelegen. Fenchel vierteln, in 1 cm breite Streifen schneiden. Tomaten mit kochendem Wasser übergießen, häuten und würfeln. Zwiebeln schälen und in Streifen schneiden. Knoblauch schälen und hacken.

2 Das Öl in einem großen Topf erhitzen, Fenchel andünsten, Fenchelsamen dazugeben. Knoblauch und Zwiebel hinzufügen und kurz mitdünsten. Tomaten unterrühren, Wein angießen und Oliven dazugeben. Mit Salz und Pfeffer würzen und zugedeckt bei schwacher Hitze 15–20 Min. garen.

3 Den Backofen auf knapp 100° vorheizen, 2 l Wasser aufkochen. Das Gemüse mit Salz und Pfeffer abschmecken, das Fenchelgrün unterrühren. Das Gemüse bis 3 cm unter den Rand in die Gläser füllen, Deckel aufsetzen. Die Gläser auf das hohe Blech des Backofens stellen. Halb in den Ofen schieben (unten), kochend heißes Wasser angießen, Blech ganz einschieben und die Ofentür schließen. Fenchel ca. 40 Min. einkochen, herausnehmen und abkühlen lassen.

Letscho

***auch kalt ein Genuss** | Zubereitung: ca. 45 Min. | Einkochen: ca. 40 Min | Haltbarkeit: ungeöffnet mind. 1 Jahr*

Für 6 Gläser (à 400 ml)

je 1 kg rote und gelbe Paprikaschoten
2 große weiße Zwiebeln
6 junge Knoblauchzehen
4 EL Olivenöl
1 TL edelsüßes ungarisches Paprikapulver
Salz | Pfeffer
6 kleine Zweige Thymian
6–8 Zweige Oregano
1 Zweig Rosmarin
Cayennepfeffer
1–2 EL Rotweinessig

1 Paprikaschoten längs halbieren, putzen, waschen und in Streifen schneiden. Zwiebeln schälen und in Ringe schneiden. Knoblauch schälen und hacken. Das Öl in einem großen Topf erhitzen, Zwiebeln darin andünsten. Knoblauch und Paprika dazugeben und ca. 8 Min. andünsten. Alles mit Paprika, Salz und Pfeffer würzen.

2 250 ml Wasser dazugießen und das Gemüse zugedeckt bei schwacher Hitze ca. 15 Min. schmoren. Die Kräuter abbrausen und trocken tupfen, die Blättchen und Nadeln abstreifen und unter das Gemüse rühren. Alles mit Salz, Pfeffer, Cayennepfeffer und Rotweinessig kräftig abschmecken.

3 Den Backofen auf knapp 100° vorheizen, 2 l Wasser aufkochen. Das heiße Gemüse bis 3 cm unter den Rand in die Gläser füllen, Deckel aufsetzen. Gläser auf das hohe Blech des Backofens stellen und halb in den Ofen schieben (unten). Kochend heißes Wasser angießen, Blech einschieben, Ofentür schließen und das Letscho ca. 40 Min. einkochen.

Grünes Frühlingsgemüse

für die leichte Küche

Zubereitung: ca. 1 ½ Std. | Einkochen: ca. 1 Std. | Haltbarkeit: ungeöffnet mind. 1 Jahr

Für 4 Gläser (à 470 ml)

1 Bio-Zitrone
Salz
4 große Artischocken
1 ½ kg Dicke Bohnen
500 g Zuckerschoten
1 kg grüner Spargel
1 Bund Frühlingszwiebeln
1 Bund Petersilie
½ Bund Bohnenkraut
4 EL Olivenöl
200 ml trockener Weißwein
Pfeffer

1 Die Zitrone heiß waschen und die Schale hauchdünn abreiben, beiseitestellen. Die Zitrone auspressen, den Saft mit 250 ml kaltem Wasser in eine Schüssel geben. Die Artischocken waschen. Die Blätter rundherum knapp am Boden abschneiden und wegwerfen. Die dünnen Blättchen innen herausschneiden, das Heu mit einem Löffel aus dem Boden herausschaben (siehe S. 36). Die Stiele schälen, die Böden achteln und ins Zitronenwasser legen.

2 Die Bohnenkerne aus den Schoten lösen. Zuckerschoten und grünen Spargel waschen. Spargelstangen putzen, im unteren Drittel dünn schälen und in 4 cm lange Stücke schneiden, die Spargelköpfe beiseitelegen. Die Frühlingszwiebeln waschen, putzen und in 2 cm lange Stücke schneiden. Petersilie und Bohnenkraut abbrausen und trocken tupfen, die Blätter abzupfen und hacken.

3 Das Öl in einem großen Topf erhitzen und die Frühlingszwiebeln darin glasig andünsten. Artischocken abtropfen lassen, trocken tupfen und dazugeben. Unter Rühren bei mittlerer Hitze ca. 5 Min. andünsten. Den Wein dazugießen. 250 ml heißes Wasser, Bohnenkerne und Spargelstücke dazugeben. Die Gemüse ca. 5 Min. dünsten.

4 Den Backofen auf knapp 100° vorheizen, 2 l Wasser aufkochen. Kräuter, Zitronenschale, Zuckerschoten und Spargelspitzen unter das Gemüse heben, mit Salz und Pfeffer würzen. Gemüse bis 3 cm unter den Rand in die Gläser füllen.

5 Gläser verschließen, auf das hohe Blech des Backofens stellen. Das Blech halb in den Ofen schieben (unten), das Wasser angießen. Blech ganz einschieben, die Ofentür schließen. Das Gemüse ca. 1 Std. einkochen, herausnehmen und abkühlen lassen. Aufgewärmt oder kalt servieren.

Tomatensauce mit Basilikum

Sugo italiano classico

Zubereitung: ca. 1 Std. | Schmoren: ca. 1 ½ Std. | Einkochen: ca. 40 Min. | Haltbarkeit: ungeöffnet mind. 1 Jahr

Für 5 Gläser (à 500 ml)

3 kg aromatische Freilandtomaten
5 junge Knoblauchzehen
4 EL Olivenöl
250 ml trockener, aromatischer italienischer Weißwein
Salz | Pfeffer | Zucker
Cayennepfeffer
3 große Bund Basilikum
1 Bund Oregano (ersatzweise Bergbohnenkraut)

1 Die Tomaten waschen, mit kochendem Wasser übergießen und häuten. Halbieren, die Stielansätze herausschneiden und die Kerne entfernen. Das Fruchtfleisch in 1 cm große Würfel schneiden.

2 Den Knoblauch schälen und in dünne Scheiben schneiden. Das Öl in einem großen Topf erhitzen und den Knoblauch darin glasig dünsten. Mit dem Weißwein ablöschen, die Tomatenwürfel dazugeben.

3 Die Sauce mit Salz, Pfeffer, Zucker und 1 Prise Cayennepfeffer würzen und bei schwacher bis mittlerer Hitze unter gelegentlichem Rühren 1 ½ Std. offen einkochen lassen. Die Kräuter trocken säubern und die Blättchen abstreifen. Basilikum in schmale Streifen schneiden, Oregano grob hacken.

4 Den Backofen auf knapp 100° vorheizen, 2 l Wasser aufkochen. Die Kräuter unter die Sauce rühren, mit Salz, Pfeffer und Zucker abschmecken. Die Sauce sofort in die Gläser bis je 3 cm unter den Rand füllen, Deckel aufsetzen. Das hohe Blech des Backofens zur Hälfte in den Ofen schieben (unten), Gläser daraufstellen und das kochende Wasser angießen. Das Blech ganz in den Ofen schieben, die Ofentür sofort schließen. Die Tomatensauce ca. 40 Min. einkochen, herausnehmen und abkühlen lassen.

Variante mit »verstecktem« Gemüse

Für 6 Gläser (à 500 ml) | **6 Möhren** und **1 Gemüsezwiebel** schälen und in kleine Würfel schneiden. **½ Selleriestaude** putzen, waschen und ebenfalls klein würfeln. **4 Knoblauchzehen** schälen und hacken. Die Tomaten wie im Grundrezept beschrieben vorbereiten und würfeln. **4 EL Olivenöl** in einem großen Topf erhitzen, nacheinander Zwiebeln, Knoblauch, Gemüse und Tomaten darin andünsten. Mit **Salz** und **Pfeffer** würzen und **1 Bund fein gehackte Petersilie** unterrühren. Die Sauce 1 ½ Std. schmoren, mit dem Pürierstab fein pürieren. Mit Salz und Pfeffer abschmecken, in die Gläser füllen und einkochen.

Clever einkaufen

Wer keine **eigene Ernte** zum Einkochen hat, bekommt am Strauch gereifte Tomaten im August **auf dem Bauernmarkt** direkt vom Erzeuger. Fragen Sie nach überreifen Tomaten, die sich nicht mehr lange halten. Sie sind besonders aromatisch und mit etwas Glück auch richtig preiswert.

Salicorn mit Zitrone und Knoblauch

köstlich zu Fisch und Lamm

Zubereitung: ca. 45 Min. | Einkochen: ca. 45 Min. | Haltbarkeit: ungeöffnet mind. 1 Jahr

Für 4 Gläser (à 500 ml)

- 500 g zartes Salicorn (beim Fischhändler vorbestellen)
- 5 Zitronen
- 4 junge Knoblauchzehen
- 1 gestr. TL Salz

1 Das Salicorn abbrausen und braune oder vertrocknete Stängel aussortieren. Zwischen zwei Geschirrtüchern trocknen. 3 Zitronen mit dem Messer so schälen, dass auch die weiße Haut komplett entfernt ist. Die Zitronenfilets zwischen den Trennhäuten herausschneiden, den austretenden Saft dabei auffangen. Die restlichen Zitronen auspressen und mit dem ausgetretenen Saft in einen Messbecher geben.

2 Den Knoblauch schälen und in dünne Scheiben schneiden. Das abgetrocknete Salicorn bis ca. 3 cm unter den Rand in die Gläser füllen. Zitronenfilets und Knoblauchscheiben dazwischen verteilen.

3 Den Backofen auf knapp 100° vorheizen, 2 l Wasser aufkochen. Den Zitronensaft mit Wasser auf 800 ml auffüllen, das Salz dazugeben, in einem Topf aufkochen. Die heiße Flüssigkeit auf die Stängel gießen, sie sollen komplett bedeckt sein. Gläser mit den Deckeln verschließen. Das hohe Blech des Backofens zur Hälfte in den Ofen schieben (unten), die Gläser daraufstellen und das kochende Wasser angießen. Das Blech ganz in den Ofen schieben und die Backofentür sofort schließen. Salicorn ca. 45 Min. einkochen, aus dem Ofen nehmen und abkühlen lassen.

4 Das Salicorn raumtemperiert oder leicht erwärmt servieren. Nach Geschmack noch leicht salzen und mit sehr gutem Olivenöl beträufeln.

Clever gewusst

Salicorn, auch **Queller oder Meeresspargel** genannt, schmeckt ausgeprägt salzig, etwas herb und frisch. Es passt hervorragend zu Fisch- und Lammgerichten. Unbedingt **sehr junges, knackiges Salicorn** kaufen, ausgewachsene Exemplare können holzig sein. Man bekommt das salzige Kraut im gut sortierten Fischgeschäft oder beim Feinkosthändler. Salicorn hält sich mehrere Tage im Gemüsefach des Kühlschranks, am besten eingewickelt in ein leicht angefeuchtetes Geschirrtuch.

Knollensellerie mit Möhren und Orange

raffiniert kombiniert

Zubereitung: ca. 1 Std. | Einkochen: ca. 50 Min. | Haltbarkeit: ungeöffnet mind. 1 Jahr

Für 4 Gläser (à 470 ml)

2 große Sellerieknollen (ca. 2 kg)
Saft von 2 Zitronen
3 weiße Zwiebeln
4 Möhren
3 EL Olivenöl
2 gehäufte EL Mehl
500 ml frisch gepresster Orangensaft (von 10–12 Saftorangen)
1 TL Zucker
3 TL Salz
Pfeffer
½ Bund Dill

1 Die Sellerieknollen schälen, zuerst in 1 cm dicke Scheiben, dann in 1 cm breite, 3 cm lange Stifte schneiden. Selleriestifte in eine große Schüssel geben, Zitronensaft dazugeben und so viel kaltes Wasser angießen, dass die Selleriestücke komplett bedeckt sind. Die Zwiebeln schälen und in dünne Spalten schneiden.

2 Die Möhren schälen, putzen, längs vierteln und in 3 cm lange Stifte schneiden. Das Öl in einem Topf mittelstark erhitzen. Zuerst die Möhren ca. 2 Min. darin braten. Die Zwiebeln hinzufügen und braten, bis sie glasig sind. Das Mehl darüberstreuen, unterrühren und kurz anschwitzen. Den Orangensaft und 100 ml Zitronenwasser dazugießen und unter Rühren aufkochen.

3 Die Selleriestücke hinzufügen. Zucker, Salz und reichlich Pfeffer unterrühren und alles bei schwacher Hitze zugedeckt ca. 25 Min. kochen. Den Dill abbrausen und trocken schütteln, die zarten Spitzen abzupfen, grob hacken und unterrühren. Das Gemüse mit Salz und Pfeffer herzhaft abschmecken.

4 Den Backofen auf knapp 100° vorheizen, 2 l Wasser aufkochen. Das Selleriegemüse kochend heiß bis jeweils 3 cm unter den Rand in die sorgfältig gereinigten Gläser füllen, sofort verschließen. Das hohe Blech des Backofens halb einschieben (unten), die Gläser daraufstellen und das kochende Wasser angießen. Das Blech ganz in den Ofen schieben, die Ofentür schließen. Das Gemüse ca. 50 Min. einkochen, herausnehmen, abkühlen lassen und kühl und dunkel aufbewahren. Kalt oder aufgewärmt servieren.

Breite grüne Bohnen mit Tomaten

zum kalt essen

Zubereitung: ca. 1 Std. | Einkochen: ca. 40 Min. | Haltbarkeit: ungeöffnet mind. 1 Jahr

Für 4 Gläser (à 470 ml)

2 ½ kg breite grüne Bohnen
2 Gemüsezwiebeln
6 junge Knoblauchzehen
1 Bund Petersilie
3 EL Olivenöl
1 große Dose stückige Tomaten (800 g)
3 EL Tomatenmark
Salz | Pfeffer
1 TL Zucker
1 Zitrone

1 Die Bohnen waschen, putzen und, falls nötig, die Fäden abziehen. Die Bohnen in ca. 5 cm lange Stücke schneiden. Die Zwiebeln schälen und in große Würfel schneiden. Den Knoblauch schälen und in dünne Scheiben schneiden.

2 Die Petersilie waschen und trocken schütteln, die Blätter abzupfen und grob hacken. Das Öl in einem großen Topf erhitzen und die Zwiebeln darin glasig dünsten. Knoblauch und Bohnen dazugeben und alles unter Rühren ca. 5 Min. dünsten. Die stückigen Tomaten mit dem Saft, das Tomatenmark, 200 ml Wasser, Salz, Pfeffer und den Zucker unterrühren. Das Gemüse zugedeckt bei schwacher bis mittlerer Hitze ca. 30 Min. schmoren.

3 Den Backofen auf knapp 100° vorheizen, 2 l Wasser aufkochen. Die Petersilie unter das Gemüse rühren und alles weitere 5–10 Min. garen. Das Gemüse zum Schluss mit Salz und Pfeffer abschmecken. Die Zitrone heiß waschen, abtrocknen und quer in ½ cm dünne Scheiben schneiden.

4 Die Bohnen kochend heiß bis jeweils 3 cm unter den Rand in die sorgfältig gereinigten Gläser füllen und je 1 Zitronenscheibe darauflegen. Die Gläser sofort verschließen. Das hohe Blech halb in den Ofen schieben (unten) und die Gläser mit Abstand zueinander daraufstellen. Das kochend heiße Wasser angießen, das Blech ganz in den Ofen schieben, die Ofentür schließen. Die Bohnen ca. 40 Min. einkochen. Herausnehmen, abkühlen lassen und an einem dunklen, kühlen Ort aufbewahren.

Birnen mit Ingwer und Vanille

mit dezenter Schärfe | *Zubereitung: ca. 50 Min.* | *Einkochen: ca. 50 Min.* | *Haltbarkeit: ungeöffnet mind. 1 Jahr*

Für 4 Gläser (à 400 ml)

1 ½ kg kleine feste, aromatische Birnen
50 g Ingwer
1 Bourbon-Vanilleschote
750 ml trockener Weißwein
200 g Zucker
Saft von 1 Zitrone

1 Die Birnen waschen, schälen, vierteln und die Kerngehäuse entfernen. Birnenviertel in 1 ½ cm dicke Spalten schneiden. Den Ingwer schälen und in dünne Scheiben schneiden. Die Vanilleschote aufschneiden, das Mark herauskratzen und die Schote in 4 Stücke schneiden.

2 Den Weißwein mit 300 ml Wasser, Zucker, Zitronensaft, Ingwer, Vanillemark und -schote aufkochen. Die Birnenstücke hineinlegen und zugedeckt bei schwacher Hitze ca. 5 Min. ziehen lassen. Abgießen, den Sud auffangen. Den Backofen auf knapp 100° vorheizen, 2 l Wasser aufkochen.

3 Die Birnen auf die Gläser verteilen, Vanilleschotenstücke und Ingwerscheiben dazwischenstecken. Den Sud aufkochen und bis 3 cm unter den Rand der Gläser über die Birnen gießen. Die Gläser verschließen. Das hohe Blech halb in den Ofen schieben (unten), die Gläser daraufstellen und das kochende Wasser angießen. Das Blech ganz einschieben und die Ofentür schließen. Die Birnen ca. 50 Min. einkochen. Herausnehmen und abkühlen lassen.

Gebackene Pfirsiche mit Rosmarin

***Sommer im Glas** | Zubereitung: ca. 1 Std. | Einkochen: ca. 45 Min. | Haltbarkeit: ungeöffnet mind. 1 Jahr*

Für 4 Gläser (à 870 ml)

9 große vollreife, aromatische Pfirsiche (ca. 2 ½ kg)
9 Zweige Rosmarin
400 g Zucker
Saft von 2 Zitronen
4 EL Rosenwasser

1 Den Backofen auf 180° vorheizen, ein Backblech mit Backpapier auslegen. Die Pfirsiche waschen, abtrocknen, halbieren und entsteinen. Mit den Schnittflächen nach unten auf das Backblech legen und im Ofen ca. 15 Min. garen.

2 Rosmarin waschen und trocken tupfen. Die Zweige halbieren. Zucker und Zitronensaft in einen Topf geben, 1,5 l Wasser hinzufügen und aufkochen. Unter Rühren kochen, bis sich der Zucker aufgelöst hat. Vom Herd nehmen und das Rosenwasser unterrühren.

3 Pfirsichhälften aus dem Ofen nehmen und halbieren. Den Ofen auf knapp 100° herunterschalten. 2 l Wasser aufkochen. Pfirsiche und Rosmarin auf die Gläser verteilen, heißen Sud bis 3 cm unter den Rand einfüllen, Gläser sofort verschließen. Das hohe Blech halb in den Ofen schieben (unten), Gläser daraufstellen, kochendes Wasser angießen. Blech ganz einschieben, Tür schließen. Pfirsiche ca. 45 Min. einkochen. Herausnehmen und abkühlen lassen.

Rhabarber-Himbeer-Kompott

sehr edel

Zubereitung: ca. 45 Min. | Einkochen: ca. 1 Std. | Haltbarkeit: ungeöffnet mind. 1 Jahr

Für 3 Gläser (à 870 ml)

1 ½ kg roter Rhabarber
500 g frische oder TK-Himbeeren
1 l trockener Weißwein (z. B. Weißburgunder)
350 g Zucker
2 Bourbon-Vanilleschoten

1 Den Rhabarber waschen und die Schale dünn abziehen. Die Stangen 4 cm kürzer schneiden als die Gläser hoch sind. Die Rhabarberstangen aufrecht nebeneinander in die Gläser stecken, sodass die Gläser locker gefüllt sind.

2 Die Himbeeren mit dem Wein und dem Zucker in einen Topf geben. Die Vanilleschoten längs aufschneiden, das Mark mit einem spitzen Messer herauskratzen und dazugeben. Die Vanilleschoten halbieren und ebenfalls hinzufügen. Die Himbeer-Wein-Mischung aufkochen und bei mittlerer Hitze ca. 5 Min. köcheln lassen.

3 Den Backofen auf knapp 100° vorheizen, 2 l Wasser aufkochen. Die Himbeer-Wein-Mischung in ein feines Sieb gießen und in eine Schüssel mit Ausguss abtropfen lassen, die Reste im Sieb mit einem Löffel durchpassieren. Die heiße Mischung über die Rhabarberstangen in den Gläsern gießen, sodass diese bedeckt sind. Die Gläser verschließen.

4 Das hohe Blech des Backofens halb in den Ofen schieben (unten), die Gläser daraufstellen und das kochend heiße Wasser angießen. Das Blech ganz hineinschieben und die Ofentür schließen. Den Rhabarber ca. 1 Std. einkochen. Herausnehmen und abkühlen lassen. Kühl und dunkel aufbewahren. Der Rhabarber schmeckt köstlich zu Vanillecreme, zu Milchreis oder auch abgetropft in einem Tiramisu.

Quitten in Gewürzsirup

weihnachtlich | *Zubereitung: ca. 1 ¼ Std.* | *Einkochen: ca. 45 Min.* | *Haltbarkeit: ungeöffnet mind. 1 Jahr*

Für 6 Gläser (à 400 ml)

300 g Zucker
2 Zitronen (davon 1 Bio-Zitrone)
30 Gewürznelken
1 ½ TL Zimtblüten
1 ½ TL Pimentkörner
2 kg Quitten

1 Den Zucker mit 1,5 l Wasser aufkochen. Die Bio-Zitrone heiß waschen, die Schale sehr dünn abschneiden und in 3 cm lange Stücke teilen. Beide Zitronen auspressen, den Saft zur Zuckerlösung geben. Gewürze ebenfalls dazugeben und alles ca. 10 Min. kochen lassen.

2 Die Quitten waschen, den Flaum abreiben, Quitten vierteln. Die Kerngehäuse, Stiel- und Blütenansätze entfernen. Die Viertel in Spalten oder 3 cm große Stücke schneiden und in den Sirup geben. Einmal aufkochen und zugedeckt bei schwacher Hitze ca. 45 Min. weich kochen. Den Backofen auf knapp 100° vorheizen, 2 l Wasser aufkochen.

3 Die Quittenstücke mit dem Sirup bis 3 cm unter den Rand in die Gläser füllen, verschließen. Das hohe Blech halb in den Ofen schieben (unten), die Gläser daraufstellen und das kochend heiße Wasser angießen. Das Blech ganz einschieben und die Ofentür schließen. Die Quitten ca. 45 Min. einkochen. Herausnehmen und abkühlen lassen. Mit Schlagsahne und/oder Vanilleeis servieren.

Marillen mit Berberitzen

***säuerlich und aromatisch** | Zubereitung: ca. 50 Min. | Saft ziehen: ca. 2 Std. | Kochen: ca. 40 Min. | Einkochen: ca. 40 Min. | Haltbarkeit: ungeöffnet mind. 1 Jahr*

Für 6 Gläser (à 300 ml)

3 kg reife, aromatische Marillen (ersatzweise Aprikosen)
400 g Zucker
2 Zitronen
2 TL getrocknete milde Chilifäden (aus dem gut sortierten Supermarkt)
50 g getrocknete Berberitzen (aus dem Bioladen oder Onlinehandel)
4 EL Cointreau (Orangenlikör)

1 Die Marillen waschen, halbieren und entsteinen. Die Marillenhälften in einen großen Topf geben, mit dem Zucker bestreuen und ca. 2 Std. Saft ziehen lassen. Die Zitronen auspressen und den Saft zu den Marillen geben. Alles aufkochen und bei mittlerer Hitze unter gelegentlichem Rühren ca. 30 Min. kochen lassen, bis der Saft ungefähr auf die Hälfte reduziert ist.

2 Die Chilifäden unterrühren, alles weitere 5 Min. kochen. Den Backofen auf knapp 100° vorheizen und 2 l Wasser aufkochen. Die Berberitzen und den Likör unter die Marillen rühren, einmal aufkochen und bis 3 cm unter den Rand in die Gläser füllen. Die Gläser verschließen.

3 Das hohe Blech halb in den Ofen schieben (unten), Gläser daraufstellen, kochendes Wasser angießen. Das Blech ganz einschieben, die Tür schließen und die Marillen ca. 40 Min. einkochen lassen. Herausnehmen und abkühlen lassen.

Karamellisiertes Apfelkompott

fruchtiger Klassiker mit Karamell-Kick

Zubereitung: ca. 1 Std. | Einkochen: ca. 40 Min. | Haltbarkeit: ungeöffnet mind. 1 Jahr

Für 5 Gläser (à 400 ml)

2 ½ kg säuerliche Äpfel (z. B. Alkmene, Gloster oder Jakob Fischer)
2 Bourbon-Vanilleschoten
2 Zitronen
150 g Zucker

1 Die Äpfel waschen, schälen, vierteln und die Kerngehäuse entfernen. Apfelviertel nochmals längs halbieren und in kleine Stücke schneiden. Die Vanilleschoten längs aufschneiden, das Mark herausschaben und die Schoten in 4 Stücke schneiden.

2 800 ml Wasser abmessen. Die Zitronen auspressen und den Saft zum Wasser geben. Den Zucker in einem großen Topf bei starker Hitze mittelbraun karamellisieren. Die Äpfel dazugeben, unterrühren und alles mit dem Zitronenwasser ablöschen. Vanillemark und Schotenstücke unterrühren.

3 Die Äpfel je nach Sorte und Konsistenz unter gelegentlichem Rühren bei mittlerer Hitze 15–25 Min. kochen, bis sie halb zerfallen sind. Den Backofen auf knapp 100° vorheizen, 2 l Wasser aufkochen.

4 Das Apfelkompott bis 3 cm unter den Rand in die Gläser füllen, Deckel aufsetzen und sofort verschließen. Das hohe Blech halb in den Ofen schieben (unten), die Gläser daraufstellen und das kochend heiße Wasser angießen. Das Blech ganz einschieben, die Ofentür schließen. Das Apfelkompott ca. 40 Min. einkochen, herausnehmen und abkühlen lassen. Kühl und dunkel aufbewahren.

Clever serviert

Wer zur Erntezeit nicht weiß, wohin mit den vielen Äpfeln aus dem eigenen Garten, hier ist das Rezept dafür! Denn ein ordentlicher **Vorrat an Apfelkompott** kann das ganze Jahr über vielfach eingesetzt werden und ist wichtiger Bestandteil blitzschneller Mittagessen, wie **Pfannkuchen, Kartoffelpuffer oder Milchreis**. Mit Vanillecreme in Gläser geschichtet wandelt sich das Kompott schnell zum edlen Dessert und in Begleitung von griechischem Sahnejoghurt beglückt es als gesunde und köstliche Zwischenmahlzeit.

FERMENTIERTES

Für viele ist Fermentieren kulinarisches Neuland. Bei der seit alters her bekannten Methode wird rohes Gemüse mit Salz milchsauer vergoren, so bekommt es einen säuerlichen und zugleich salzigen Geschmack und wird konserviert. Die probiotischen Gemüsespezialitäten, wie Spitzpaprika mit Minze, Kimchi aus Chinakohl oder Blumenkohl mit buntem Gemüse sind ganz einfach zubereitet, brauchen aber etwas Zeit zum Reifen. Und Vorsicht: Fermentieren kann süchtig machen!

1

2

3

Weinsauerkraut

Klassiker mit viel Vitamin C

Zubereitung: ca. 1 ½ Std. | Fermentieren: 6–8 Wochen | Haltbarkeit: kühl mind. 3 Monate

Für 2 Bügelverschlussgläser (à 1 l)

2 ½ kg Weißkohl
50 g unraffiniertes Meersalz
2 TL Kümmelsamen
2 Lorbeerblätter
1 TL Wacholderbeeren
200 ml Weißwein

1 Den Kohl waschen, 4–6 Außenblätter abnehmen und beiseitelegen. Kohlköpfe vierteln und auf dem Gemüsehobel in dünne Streifen hobeln (**Bild 1**), den Strunk nicht verwenden. Kohl in eine große Schüssel geben, Salz und Kümmel darüberstreuen. Kohl mit den Händen ca. 15 Min. kräftig durchkneten, bis er weich und sehr saftig ist. Lorbeerblätter in kleine Stücke brechen.

2 Die Gläser mit je 1 Stück Kohlblatt auslegen. Etwa ein Drittel hoch Weißkohl einfüllen. Mit dem hölzernen Kartoffelstampfer so fest in die Gläser stampfen, dass ca. 2 cm Saft darübersteht. 1 Stück Lorbeerblatt, 2–3 Wacholderbeeren und 1 Portion Weißkohl daraufgeben.

3 Wieder fest einstampfen und so fortfahren, bis Kohl und Gewürze aufgebraucht sind, der Saft schäumt und 3 cm hoch über dem Kraut steht (**Bild 2**). Je 1 Stück Kohlblatt darauflegen, den Wein dazugießen. Das Kraut beschweren, damit es nicht an die Oberfläche kommt. Dafür eignet sich ein kleines, mit Wasser gefülltes Glas mit Schraubdeckel (**Bild 3**) oder auch ein mit Wasser gefüllter, sehr gut verschlossener Gefrierbeutel. Die Bügelgläser verschließen.

4 Die Gläser mit einem dunklen Tuch bedecken und 1 Woche bei Raumtemperatur (20–22°) stehen lassen. Wenn sich am Rand trübe Flüssigkeit und Schaum bilden, das Beschwerglas herunternehmen, Schaum und trübe Flüssigkeit abschöpfen. Das Beschwerglas mit heißem Wasser gründlich säubern und erneut auf das Kraut setzen.

5 Nach 3–4 Wochen das Kraut kühl stellen (16–18°) und weitere 2–3 Wochen reifen lassen. Erst dann die Gläser öffnen und das Kraut probieren. Es sollte schön zart und säuerlich sein. Bei Bedarf weiter reifen lassen.

Grüne Spitzpaprika mit Minze

ganz einfach

Zubereitung: ca. 1 Std. | Fermentieren: ca. 4 Wochen | Haltbarkeit: kühl mind. 3 Monate

Für 2 Bügelverschluss-gläser (à 1,5 l)

- 1,4 kg kleine hellgrüne türkische Spitzpaprikaschoten
- 1 großes Bund frische Minze
- 6 frische Knoblauchzehen
- 1 EL getrocknete Kichererbsen
- 40 g unraffiniertes Meersalz
- 1 TL Zitronensäure
- 1 TL Zucker
- 300 ml Weißweinessig

1 Die Spitzpaprikaschoten waschen. Lange Stiele mit der Schere kurz schneiden. Die Schoten an den spitzen Enden kreuzweise ca. 1 ½ cm tief einschneiden. Die Minze waschen. Ein Drittel der Minzestiele auf dem Boden der Gläser verteilen. Das zweite Drittel in kleine Stücke schneiden oder die Blätter abzupfen.

2 Die Spitzpaprikaschoten – am besten hochkant – dicht an dicht in die Gläser stecken. Den Knoblauch schälen, halbieren und mit einem weiteren Drittel der Minzeblätter bzw. -stiele zwischen die Paprikaschoten stecken. Die Kichererbsen obendrauf streuen.

3 1,5 l kaltes Wasser in eine Schüssel gießen. Salz, Zitronensäure und Zucker darin verrühren, bis sie sich aufgelöst haben. Dann den Essig unterrühren. So viel von der Mischung über die Schoten gießen, bis sie komplett bedeckt sind.

4 Die Paprikaschoten mit der restlichen Minze bedecken und die Gläser verschließen. 2 Tage an einem dunklen warmen Ort (20–22°), danach 3–4 Wochen kühler (16–18°) aufbewahren. Dann können die Spitzpaprikaschoten probiert werden. Nach der Entnahme die Gläser wieder schließen und restliche Paprikaschoten kühl aufbewahren.

Clever servieren

Die fermentierten Paprikaschoten sind eine **feine pikante Beilage** zu Eintopfgerichten, z. B. mit Kichererbsen oder weißen Bohnen. Sie schmecken aber auch köstlich zu Hacksteaks, in Salaten oder einfach mit Käse und Brot. Wenn Sie **kleine rote Spitzpaprikaschoten** bekommen, können Sie auch beide Sorten kombinieren.

Scharfe Rote Bete

***schön knackig** | Zubereitung: ca. 1 Std. | Fermentieren: 5–7 Wochen | Haltbarkeit: kühl mind. 3 Monate*

Für 2 Bügelverschluss-gläser (à 1 l)

50 g unraffiniertes Meersalz
1 TL Zucker
100 ml Molke (aus dem Bioladen oder Reformhaus)
1 kg kleine Rote Bete, möglichst mit Blättern
1–2 rote Zwiebeln
2–4 Knoblauchzehen
4 kleine Zweige Thymian
2 kleine getrocknete Chilischoten

1 Meersalz und Zucker in 1,5 l Wasser auflösen, Molke untermischen. Stiele und Blätter der Roten Beten abschneiden, große Blätter entfernen, Stiele und zarte Blätter waschen, abtropfen lassen und in grobe Stücke schneiden. Die Rote-Bete-Knollen unter fließendem Wasser abbürsten, halbieren und die Hälften in dünne Scheiben schneiden.

2 Die Zwiebeln schälen und in dünne Scheiben schneiden. Knoblauch schälen und andrücken. Rote-Bete-Scheiben mit den Zwiebeln, dem Rote-Bete-Grün und dem Knoblauch bis 4 cm unter den Rand in die Gläser schichten, dazwischen je 2 Thymianzweige und 1 Chilischote stecken.

3 Die vorbereitete Salzwassermischung so auf die Gläser verteilen, dass alle Zutaten gut bedeckt sind. Das Gemüse beschweren (siehe S. 17), den Deckel aufsetzen und die Gläser 6–7 Tage an einem warmen, dunklen Ort (20–22°), danach 4–6 Wochen kühl (16–18°) stehen lassen. Dann erst probieren. Die scharfe Rote Bete zur Brotzeit, als Snack oder als Beilage zu Fischgerichten servieren.

Spitzkohl mit Möhre und Paprika

***Kraut mit Suchtfaktor** | Zubereitung: ca. 1 Std. | Fermentieren: 3–5 Wochen | Haltbarkeit: kühl mind. 3 Monate*

Für 1 Bügelverschlussglas (3 l)

70 g unraffiniertes Meersalz
1 ½ kg Spitzkohl
je 1 gelbe und grüne Spitzpaprikaschote
1 Möhre (ca. 100 g)
2 junge Knoblauchzehen
1 TL Kümmelsamen
1 Handvoll getrocknete Kichererbsen

1 Das Meersalz in 2 ¼ l Wasser unter Rühren auflösen. Vom Spitzkohl äußere Blätter entfernen, Kohl waschen, vierteln und die Viertel in 4–5 cm große, breite Stücke schneiden. Die Paprikaschoten waschen, längs halbieren, Kerne und Trennwände entfernen, Schoten in 3 cm große Stücke schneiden. Möhre gründlich abbürsten, putzen und längs in dünne Scheiben schneiden. Knoblauch schälen.

2 Spitzkohl, Paprika, Möhren und Knoblauch in das Glas füllen, alles zusammendrücken, bis zum Rand 6 cm frei lassen. Kümmel und Kichererbsen darüberstreuen, mit dem Salzwasser bis 3 cm unter den Rand auffüllen. Gemüse herunterdrücken und mit Keramikgewichten oder einem mit Wasser gefüllten Gefrierbeutel beschweren (siehe S. 17).

3 Den Deckel schließen und das Gemüse 1–2 Wochen an einem warmen, dunklen Ort (20–22°), dann 2–3 Wochen bei 16–18° fermentieren lassen. Es schmeckt zu Kichererbsen, als Snack, zur Brotzeit oder als Beilage zu Gulasch.

Gemüse
in Bierlake
08.16

Buntes Gemüse in Bierlake

süßsauer und würzig

Zubereitung: ca. 20 Min. | Fermentieren: 4–6 Wochen | Haltbarkeit: kühl mind. 3 Monate

Für 1 Bügelverschlussglas (1 l)

250 g Staudensellerie
250 g Möhren
250 g dünne Pastinaken
250 ml Bieressig
(5 % Säure; Onlinehandel)
½ TL körniger Senf
20 g unraffiniertes Meersalz

1 Den Staudensellerie waschen, putzen und in Stücke schneiden. In das Glas geben. Die Möhren mit der Gemüsebürste unter fließend kaltem Wasser gründlich abschrubben und putzen. Die Möhren längs vierteln, in 1 ½ cm große Stücke schneiden und auf die Selleriestücke geben.

2 Die Pastinaken ebenfalls mit der Gemüsebürste unter fließend kaltem Wasser gründlich schrubben und putzen. Die Pastinaken in 1 ½ cm große Würfel schneiden und auf die Möhren schichten.

3 Für die Lake den Bieressig, 400 ml Wasser, den Senf und das Salz verrühren, bis sich das Salz aufgelöst hat. So viel Lake auf das Gemüse gießen, bis es damit bedeckt ist. Das Gemüse mit passenden Keramikgewichten (Onlineversand) oder mit einem mit Wasser gefüllten, sehr gut verschlossenen Gefrierbeutel beschweren (siehe S. 17), damit es luftdicht abgeschlossen in der Lake fermentieren kann.

4 Das Glas verschließen und mit einem dunklen Tuch abdecken. Das Gemüse an einem warmen Ort (20–22°) 4–6 Wochen fermentieren. Nach 4 Wochen eine erste Kostprobe entnehmen. Falls das Gemüse noch recht roh und hart ist, weitere 2 Wochen warm stehen lassen. Ansonsten an einen kühleren Platz stellen (16–18°).

Clever servieren

Das fermentierte bunte Gemüse macht sich besonders gut als Einlage in der **Schweinebratensauce**, im **Borschtsch**, in der **Soljanka** oder im **Gemüseeintopf**. Roh passt es gut zu kaltem Braten.

Grüne Tomaten

raffiniert pikant

Zubereitung: ca. 1 Std. | Fermentieren: 4–6 Wochen | Haltbarkeit: kühl mind. 3 Monate

Für 1 Bügelverschlussglas (2 l)

25 g unraffiniertes Meersalz
¼ TL Zucker
100 ml Molke (aus dem Bioladen oder Reformhaus)
1 kg grüne Tomaten
200 g weiße Zwiebeln
3 junge Knoblauchzehen
3 milde oder scharfe Peperoni
1 kleines Bund Basilikum
1 TL schwarze Pfefferkörner
4 EL Weißweinessig

1 12 g Meersalz und den Zucker in 300 ml Wasser verrühren und auflösen. Die Molke dazugeben und unterrühren. Die Tomaten waschen und in 1 ½ cm dicke Scheiben schneiden, den Stielansatz herausschneiden. Die Zwiebeln schälen und in dicke Scheiben schneiden. Den Knoblauch schälen und in Scheiben schneiden, kleinere Zehen halbieren. Die Peperoni waschen und mit den Kernen in größere Stücke schneiden. Das Basilikum abbrausen, trocken tupfen und die Blätter abzupfen.

2 Tomaten- und Zwiebelstücke abwechselnd in das Glas einschichten, Knoblauch, Peperoni, Pfefferkörner und Basilikumblätter dazwischen verteilen. Auf jede Schicht etwas vom restlichen Salz streuen. Das Gemüse zwischendurch immer wieder feststampfen, sodass sich Saft entwickelt.

3 Tomaten und Zwiebeln auf diese Weise bis 5 cm unter den Rand einfüllen. Die vorbereitete Lake bis 2 cm unter den Rand auf die Tomatenmischung füllen. Das Glas sofort verschließen, mit einem dunklen Tuch bedecken und 1 Woche an einem warmen Ort (20–22°) stehen lassen. Dann weitere 3–5 Wochen bei 16–18° reifen lassen. Zwischendurch das Glas auf keinen Fall öffnen. Das Glas erst aufmachen, wenn keine Bläschen mehr aufsteigen.

Clever gewusst

Die fermentierten grünen Tomaten sind das rettende Rezept für Gartenbesitzer, die im Spätsommer nicht wissen, was sie mit den unreifen, grünen Tomaten anfangen sollen. Die Tomaten schmecken super **zur Brotzeit**, aber auch **zu Gegrilltem** oder klein geschnitten als pikante **Einlage in der Pastasauce**.

Meerrettich-Rotkohl

dekorative Köstlichkeit | *Zubereitung: ca. 35 Min.* | *Fermentieren: 6–8 Wochen* | *Haltbarkeit: kühl mind. 3 Monate*

Für 1 Bügelverschlussglas (4 l)

2 ½ kg kleine Rotkohlköpfe
1 Handvoll getrocknete Kichererbsen
1 Stück Meerrettich (5 cm)
90 g unraffiniertes Meersalz

1 Die Kohlköpfe waschen und die äußeren Blätter entfernen. Die Köpfe halbieren oder vierteln und die Blätter Schicht für Schicht vorsichtig vom Strunk lösen. Die Kichererbsen in das Glas geben. Den Meerrettich schälen und in kleine Stücke schneiden. Die Rotkohlblätter lagenweise mit 40 g Salz in das Glas schichten, dabei die Blätter immer wieder mit einem Stampfer zusammendrücken. Zwischendrin die Meerrettichstücke verteilen.

2 Das übrige Salz mit 2 l kaltem Wasser verrühren, bis sich das Salz aufgelöst hat. Die Mischung über den Rotkohl gießen, sodass alle Blätter gut bedeckt sind. Den Kohl beschweren (siehe S. 17) und das Glas verschließen. Abgedeckt an einem warmen Ort (20–22°) 6–8 Wochen fermentieren. Das Glas auf keinen Fall zwischendurch öffnen!

3 Wenn sich im Glas nach 6–8 Wochen keine Bläschen mehr bilden, kann es geöffnet und eine erste Kostprobe entnommen werden. Den fermentierten Rotkohl an einem kühlen Ort (16–18°) lagern und portionsweise entnehmen.

Clever servieren

Der Meerrettich-Rotkohl schmeckt köstlich in schmale Streifen geschnitten als Beilage zu **herbstlichen Pasta- und Risottogerichten**. Auch raffiniert: die Blätter mit einer Fleisch- oder Getreidemasse füllen und aufwickeln. Wie Kohlrouladen garen.

Rosenkohl mit Oregano

***winterliches Fit-Food** | Zubereitung: ca. 50 Min. | Fermentieren: 4–6 Wochen | Haltbarkeit: kühl mind. 3 Monate*

Für 1 Bügelverschlussglas (1 l)

800 g Rosenkohl
1 TL getrockneter Oregano (ersatzweise Bergbohnenkraut)
20 g unraffiniertes Meersalz

1 Den Rosenkohl putzen, waschen und abtropfen lassen. Die Stielansätze knapp abschneiden. Die Kohlröschen in 4–5 mm dünne Scheiben schneiden und in das Glas schichten. Den Oregano dazwischen streuen.

2 Das Salz in 700 ml kaltem Wasser verrühren, bis es sich aufgelöst hat. Das Salzwasser über den Rosenkohl gießen, sodass alles gut bedeckt ist. Den Kohl beschweren (siehe S. 17) und das Glas verschließen.

3 Das Glas mit dem Rosenkohl bei Raumtemperatur (20–22°) abgedeckt ca. 4 Wochen stehen lassen, zwischendurch nicht öffnen. Dann eine Kostprobe entnehmen. Ist der Kohl noch recht hart, weitere 1–2 Wochen fermentieren.

Clever servieren

Fermentierter Rosenkohl macht sich sehr gut als **Beilage** zu Braten, aber auch zu Gegrilltem oder Fisch. Oder man reicht ihn zu einer deftigen Brotzeit mit herzhaftem **Käse** oder zum **Käsefondue**.

Schnippelbohnen
mit Bohnenkraut und Thymian

deftiger Klassiker

Zubereitungszeit: ca. 2 Std. | Fermentieren: 4–6 Wochen | Haltbarkeit: kühl mind. 3 Monate

Für 1 Bügelverschlussglas (2 l)

2 kg knackig frische Stangen- oder Buschbohnen
50 g unraffiniertes Meersalz
2 EL getrocknetes Bohnenkraut
1 EL getrockneter Thymian

1 Die Bohnen waschen, falls nötig, entfädeln, und die Enden abschneiden. Bohnen schräg in 1 cm lange Stücke schneiden. In einem großen Topf reichlich Wasser aufkochen, die Bohnen portionsweise darin blanchieren, in ein Sieb abgießen, abtropfen und auskühlen lassen.

2 Salz, Bohnenkraut und Thymian mischen. Eine ca. 8 cm hohe Schicht Bohnen in das Glas geben. Mit dem Kartoffelstampfer fest drücken und mit 1 TL Gewürzsalz bestreuen. Wieder eine Bohnenschicht daraufgeben, fest drücken und mit Gewürzsalz bestreuen. So fortfahren, bis alle Bohnen eingefüllt sind. Übriges Gewürzsalz obendraufstreuen.

3 Das Gemüse mit einem sauberen Mulltuch bedecken. Einen flexiblen Deckel (evtl. von einer zurechtgeschnittenen Kunststoffdose) auflegen und mit einem Stein oder einem gefüllten Glas beschweren. 250 ml abgekochtes, erkaltetes Wasser am Rand angießen. Ein Tuch über das Glas legen.

4 Die Bohnen 4–6 Wochen an einen dunklen, kühlen Ort (16–18°) stellen. Jede Woche die Oberfläche, das Tuch und den Deckel säubern und die Gärrückstände wegwischen. Mit gesäubertem Tuch und Deckel sowie dem Gewicht erneut bedecken. 250 ml abgekochtes, kaltes Wasser am Rand angießen und das Glas wieder kühl stellen.

5 Nach 4–6 Wochen können die Bohnen probiert werden. Sie schmecken salzig bis säuerlich und sind schön zart. Sie bleiben über den Winter haltbar, vorausgesetzt, sie stehen immer an einem kühlen, dunklen Ort und werden jede Woche wie beschrieben gepflegt.

Clever servieren

Die Bohnen mit **1 gewürfelten, angedünsteten Zwiebel** und **gebratenen Speckwürfeln** schmoren. Mit **Sahne** verfeinern und evtl. mit wenig **Salz** und **Pfeffer** würzen. Dazu Pellkartoffeln reichen.

1

2

3

Kimchi aus Chinakohl

Klassiker aus Korea

Zubereitung: ca. 1 Std. | Einsalzen: ca. 24 Std. | Fermentieren: 24 Std. + 7–10 Tage | Haltbarkeit: kühl ca. 2 Monate

Für 1 großes Kunststoffgefäß mit Deckel (3–4 l)

2 kg kleine Chinakohlstauden
200 g grobes, unraffiniertes Meersalz

Für die Kimchi-Paste:

2 Bund Frühlingszwiebeln
5 junge Knoblauchzehen
40 g frischer Ingwer
200 g Rettich
100–150 g koreanisches Chilipulver (Gochugaru; aus dem Asienladen)
1 EL Fischsauce
1 EL Zucker
1–2 EL unraffiniertes Meersalz

1 Vom Chinakohl äußere Blätter ablösen. Stauden längs halbieren, mit den Schnittflächen nach oben nebeneinander in eine breite Schüssel legen. Zwischen jede Blattschicht etwas Salz geben **(Bild 1)**. Kohl mit Wasser bedecken, mit einem Teller und einem Gewicht beschweren, mit einem Tuch zudecken und bei Raumtemperatur 24 Std. stehen lassen.

2 Für die Kimchi-Paste die Frühlingszwiebeln putzen, waschen und fein hacken. Den Knoblauch schälen, ebenfalls fein hacken. Den Ingwer schälen und fein reiben. Den Rettich schälen und grob raspeln. Alles mit Chilipulver, Fischsauce, Zucker und Meersalz zu einer Paste vermischen.

3 Kohlhälften aus der Schüssel nehmen und Schicht für Schicht das Salz unter fließendem Wasser abspülen. Kohl vorsichtig ausdrücken. Die Kimchi-Paste auf und zwischen den Kohlblättern verteilen **(Bild 2)**. Die Hälften locker zusammenknautschen und mit den Schnittflächen nach oben nebeneinander in das Gärgefäß legen **(Bild 3)**.

4 Den Deckel aufsetzen und das Kimchi bei Raumtemperatur 24 Std. fermentieren lassen. Dann im Kühlschrank 7–10 Tage reifen lassen. Während dieser Zeit den Deckel keinesfalls öffnen. Den Kohl in Stücke geschnitten als Beilage zu asiatischen Gerichten oder mit Reis servieren.

Clever variiert

Für Rettich-Kimchi **1 ½ kg weißen Rettich** schälen und in 2 cm große Würfel schneiden. **500 g dicke Radieschen** putzen, waschen und halbieren oder vierteln. Rettich und Radieschen in eine Schüssel legen und mit **80 g grobem, unraffiniertem Meersalz** vermischen. Mit kaltem Wasser bedecken und 24 Stunden stehen lassen. Abgießen und die Gemüse mit klarem Wasser abspülen, auf mehreren Lagen Küchenpapier gut abtropfen lassen. Die **Kimchi-Paste** wie oben beschrieben zubereiten und Rettich und Radieschen rundherum darin wenden. In eine verschließbare Kunststoffdose füllen, den Deckel aufsetzen und das Gemüse zuerst bei Raumtemperatur 24 Std. fermentieren, dann im Kühlschrank mind. 7 Tage reifen lassen.

Blumenkohl und Romanesco mit buntem Gemüse

bunt und lecker

Zubereitung: ca. 45 Min. | Fermentieren: 3–4 Tage + 3–6 Wochen | Haltbarkeit: kühl ca. 3 Monate

Für 1 Bügelverschlussglas (5 l)

1 Blumenkohl (ca. 1 kg)
1 Romanesco (ca. 500 g)
je 1 rote und gelbe Paprikaschote
2 große rote Zwiebeln
1 Handvoll getrocknete Kichererbsen
2 Lorbeerblätter
70 g unraffiniertes Meersalz
300 ml Molke (aus dem Bioladen oder Reformhaus)

1 Blumenkohl putzen, waschen und in so kleine Röschen teilen, dass kompakte Stücke entstehen. Das geht am besten, wenn man die großen Röschen vom Strunk schneidet, dann die Strunk-Enden kreuzweise ca. 2 cm tief einschneidet und die Röschen vorsichtig auseinanderbricht.

2 Den Romanesco putzen, waschen und – wie beim Blumenkohl beschrieben – in kleine Röschen teilen. Die Paprikaschoten längs halbieren, putzen, waschen und trocken tupfen. Paprika in 2 cm große Stücke schneiden. Die Zwiebeln schälen und in dünne Spalten schneiden.

3 Die Kichererbsen in das Glas geben, Blumenkohl, Paprika, Zwiebeln und Romanesco abwechselnd bis 5 cm unter den Rand hineinschichten. Die Lorbeerblätter zwischen Glaswand und Gemüse stecken.

4 Das Salz in einer großen Schüssel mit der Molke und 2,3 l Wasser verrühren, bis es sich komplett aufgelöst hat. Dann bis 3 cm unter den Rand über das Gemüse gießen. Das Gemüse beschweren (siehe S. 17), das Glas verschließen, mit einem dunklen Tuch abdecken und an einem warmen Ort (20–22°) 3–4 Tage stehen lassen.

5 Wenn das Gemüse anfängt zu blubbern und zu gären, das Glas an einen kühleren Ort (16–18°) stellen, wieder abdecken. Alles 3–6 Wochen fermentieren, ohne den Deckel zwischendurch zu öffnen. Erst dann probieren. Das Gemüse portionsweise mit einer sauberen Kelle entnehmen. Es schmeckt pur und zu allem mit Käse.

Lauch mit Kräutern und grünem Pfeffer

schön würzig | *Zubereitung: ca. 45 Min.* | *Fermentieren: 5–7 Wochen* | *Haltbarkeit: kühl mind. 3 Monate*

Für 1 Bügelverschlussglas (2 l)

4–5 Stangen Lauch
40 g unraffiniertes Meersalz
1 TL getrocknetes Bohnenkraut
2 TL getrockneter grüner Pfeffer
3–4 Zweige getrockneter Thymian

1 Vom Lauch die Wurzeln, äußere trockene Schichten und die dunkelgrünen Blätter abschneiden. Die zarten hellgrünen und weißen Teile sorgfältig waschen, ohne die Schichten dabei zu zerreißen. Den Lauch in 1 cm dünne Ringe schneiden und in das Glas geben.

2 Das Salz in 1 l kaltem Wasser verrühren, bis es sich komplett aufgelöst hat. Bohnenkraut, Pfeffer und Thymian über den Lauch streuen und das Salzwasser bis 3 cm unter den Rand angießen. Den Lauch beschweren (siehe S. 17) und das Glas verschließen.

3 Das Glas mit einem dunklen Tuch abdecken und den Lauch 1–2 Wochen an einem warmen Ort (20–22°) fermentieren lassen. Den Deckel während dieser Zeit auf keinen Fall öffnen! Danach das Glas an einen kühlen, dunklen Ort (16–18°) stellen und den Lauch weitere 4–5 Wochen reifen lassen, bis er schön zart und saftig ist.

Clever servieren

Fermentierter Lauch schmeckt besonders köstlich zur **Brotzeit**, aber auch als **Beilage** zu Eintopfgerichten mit Hülsenfrüchten und zu dunklen Braten.

Rote Bete mit Meerrettich

***schön scharf** | Zubereitung: ca. 50 Min. | Fermentieren: 6–7 Wochen | Haltbarkeit: kühl mind. 3 Monate*

Für 1 Bügelverschlussglas (1,5 l)

2 Rote Beten (ca. 750 g)
400 g Meerrettich
1 EL Kümmelsamen
30 g unraffiniertes Meersalz

1 Die Roten Beten unter kaltem Wasser mit der Gemüsebürste schrubben. Enden abschneiden, Knollen vierteln und auf dem Gemüsehobel in ca. ½ cm dünne Scheiben hobeln.

2 Den Meerrettich schälen und in der Küchenmaschine oder auf der Vierkantreibe grob raspeln. Die Hälfte in das Glas geben, die Hälfte der Roten Bete darüber verteilen. Mit 1 TL Kümmel bestreuen. Restlichen Meerrettich, Rote Bete und Kümmel darauf schichten bzw. streuen.

3 Das Salz in 1 l kaltem Wasser verrühren, bis es sich aufgelöst hat. Vorsichtig über das Gemüse gießen, damit der Meerrettich nicht hochgeschwemmt wird. Das Gemüse beschweren (siehe S. 17). Das Glas schließen, mit einem dunklen Tuch bedecken und 1 Woche bei Raumtemperatur (20–22°) stehen lassen. Danach an einen kühlen Ort (16–18°) stellen und 5–6 Wochen reifen lassen. Öffnen und probieren. Das scharfe Gemüse schmeckt zu Tafelspitz und Kasseler Braten, zu Schweinebraten oder zur Brotzeit mit Käse.

Möhren mit Senfsamen

knackig und gesund

Zubereitung: ca. 40 Min. | Fermentieren: 5–6 Wochen | Haltbarkeit: kühl mind. 3 Monate

Für 1 Bügelverschlussglas (3 l)

1½ kg zarte, junge Möhren
2 TL gelbe Senfsamen
½ Bund Dill
1 Bio-Zitrone
36 g unraffiniertes Meersalz

1 Die Möhren mit der Gemüsebürste kräftig abschrubben, die Enden abschneiden. Die Möhren auf dem Gemüsehobel in ½ cm dünne Scheiben schneiden und in das Glas füllen. Die Senfsamen darüberstreuen.

2 Den Dill abbrausen, trocken schütteln und in grobe Stücke schneiden. Auf die Möhren geben. Die Zitrone heiß waschen, in ½ cm dünne Scheiben schneiden und die Möhren damit bedecken.

3 Das Salz mit 1,2 l kaltem Wasser verrühren, bis es sich aufgelöst hat. Über die Möhren gießen, sodass alles mit Flüssigkeit bedeckt ist. Das Gemüse beschweren (siehe S. 17), das Glas verschließen und die Möhren mit einem dunklen Tuch abgedeckt bei Raumtemperatur (20–22°) 1 Woche stehen lassen. Anschließend die Möhren 4–5 Wochen an einen kühlen Ort (16–18°) stellen und reifen lassen.

Variante: Kurkumakraut mit Dill

Für 1 Bügelverschlussglas (1,5 l) | **1 Weißkohl (1,2–1,5 kg)** von den äußeren Blättern befreien. Den Kohl und 1–2 große Blätter waschen und abtropfen lassen. Kohl sehr fein hobeln, 1 kg abwiegen und in eine große Schüssel geben. **2 kleine rote Zwiebeln** schälen, in feine Scheiben hobeln. **½ Bund Dill** abbrausen und trocken tupfen. **50 g Kurkumawurzel** mit der Gemüsebürste unter kaltem Wasser schrubben und fein hobeln, dabei am besten Einmalhandschuhe tragen, denn Kurkuma färbt stark. Kurkuma, Zwiebeln und **20–25 g unraffiniertes Meersalz** zum Weißkohl geben und alles mit den Händen kräftig kneten, bis reichlich Saft aus dem Kohl ausgetreten ist. Das Gemüse portionsweise in das Glas schichten und fest einstampfen. Dillstiele dazwischenlegen. Die letzte Krautschicht so einstampfen, dass ca. 2 cm hoch Flüssigkeit über dem Kraut steht. Mit 1–2 Kohlblättern zudecken, beschweren (siehe S. 17) und ca. 1 Woche an einem warmen Ort (20–22°), danach 3–5 Wochen an einem kühlen Ort (16–18°) fermentieren lassen.

Clever servieren

Die Möhren portionsweise entnehmen, mit etwas kalt gepresstem Öl, zum Beispiel **Leinöl** beträufeln und als Beilage zu Fisch- und Geflügelgerichten servieren. Köstlich schmecken die Möhren auch zwischendurch als Knabberei oder zur Brotzeit.

Salzzitronen mit Kräutern

köstlich zu Lamm oder im Salat

Zubereitung: ca. 50 Min. | Wässern: 5–6 Tage | Fermentieren: 3–5 Wochen | Haltbarkeit: ungeöffnet und kühl ca. 1 Jahr

Zutaten für 4 Gläser (à 470 ml)

8–12 möglichst kleine, dünnschalige Bio-Zitronen
8–12 TL unraffiniertes grobes Meersalz für die Zitronen + 8 TL für die Gläser
4 frische Lorbeerblätter
je 4 Thymian- und Rosmarinzweige
4 TL Wacholderbeeren
300 ml frisch gepresster Zitronensaft

1 Die Zitronen unter fließendem lauwarmem Wasser mit der Gemüsebürste gründlich schrubben und in eine Schüssel legen. Mit kaltem Wasser bedecken und an einem kühlen Ort 5–6 Tage wässern, dabei das Wasser täglich wechseln.

2 Die Zitronen abtropfen lassen und mit der Spitze eines scharfen Küchenmessers ca. 1 cm vom Blütenansatz bis 1 cm zum Stielansatz der Länge nach so einritzen, als wolle man sie vierteln, jedoch nicht durchschneiden. Sie sollen oben und unten noch zusammenhalten.

3 Jede Zitrone zwischen Stiel- und Blütenansatz leicht zusammendrücken. In die entstandenen Spalten je ¼ TL Salz füllen. Die Zitronen in die sorgfältig gereinigten Gläser legen, falls nötig, richtig hineinquetschen. Die Kräuter abbrausen und trocken tupfen. Kräuter und Wacholderbeeren zwischen den Zitronen verteilen, es müssen dabei nicht alle Gläser mit den gleichen Mengen gewürzt werden.

4 Den Zitronensaft durch ein Sieb gießen. Auf jedes Glas 2 TL Salz streuen und den Saft darüber verteilen. Die Zitronen mit so viel kochendem Wasser übergießen, dass sie bedeckt sind. Die Gläser sofort verschließen und kühl und dunkel lagern. Die Zitronen 3–5 Wochen stehen lassen, dann sind die Schalen weich und gebrauchsfertig. Angebrochene Gläser im Kühlschrank aufbewahren.

Clever gewusst

Salzzitronen finden vor allem in der **Marokkanischen Küche** Verwendung, werden aber in der internationalen Küche immer beliebter. Von den Zitronen wird in der Regel nur die **Schale** verwendet, das Innere wird herausgeschabt und weggeworfen. Die Schale in feine Streifen schneiden und vor dem Servieren zur **Lammkeule** geben, über den in Butter gebratenen **Fisch** streuen oder über einen üppigen bunten **Blattsalat.** Die Zitronenmarinade für Salate verwenden oder helle Saucen damit verfeinern.

Şalgam suyu

türkischer alkoholfreier Aperitif

Zubereitung: ca. 1 Std. | Fermentieren: 3–4 Wochen | Haltbarkeit: kühl mind. 3 Monate

Für 1 Bügelverschlussglas (5 l)

500 g violette Möhren
350 g weiß-rote Navet-Rübchen
1 Handvoll getrocknete Kichererbsen
1 EL Bulgur
1–3 getrocknete Vogelaugenchilis
80 g unraffiniertes Meersalz
200 ml Weißweinessig

Außerdem:

1 Teefilterbeutel aus Papier und Küchengarn

1 Die Möhren mit der Gemüsebürste gründlich schrubben, die Enden abschneiden. Möhren längs vierteln und in 4 cm lange Stücke schneiden. Vorsicht mit den violetten Möhren! Sie färben die Hände beim Schälen und Schneiden, deshalb am besten Einmalhandschuhe tragen.

2 Die Navet-Rübchen gründlich waschen, die Enden abschneiden. Die Rübchen halbieren und in 1 cm breite Scheiben schneiden.

3 Die Kichererbsen in das Glas geben. Den Bulgur in den Teefilterbeutel füllen und diesen mit Küchengarn zubinden. Das Bulgursäckchen ebenfalls in das Glas geben.

4 Das Gemüse in das Glas füllen, die Chilischoten nach gewünschter Schärfe dazugeben. Das Salz in 3,5 l Wasser verrühren, bis es sich aufgelöst hat. Den Essig dazugeben und die Flüssigkeit über das Gemüse im Glas gießen. Das Gemüse beschweren (siehe S. 17).

5 Das Glas verschließen und mit einem dunklen Tuch abgedeckt 3–4 Wochen an einem warmen Ort (20–22°) stehen lassen. Zwischendurch nicht öffnen, auch nicht, wenn der Ansatz stark blubbert.

6 Wenn der Ansatz nicht mehr blubbert und gärt, kann eine erste Kostprobe entnommen werden. Das Getränk portionsweise mit 1–2 Möhrenstreifen genießen oder den Saft durch ein feines Sieb abgießen und in Flaschen füllen.

7 Das Gemüse im Glas mit etwas Saft kühl aufbewahren. So kann man es auch zum Essen, zum Beispiel zu einer Mahlzeit mit Hülsenfrüchten, servieren.

Clever gewusst

Diese Spezialität gilt in der Türkei als sehr gesund. Straßenhändler, die fermentiertes Gemüse anbieten, verkaufen auch becherweise von dem **tiefroten, würzigen Getränk** an die Passanten. Traditionell wird es als Begleitung zu Raki bei einer Mezetafel serviert.

GETROCKNETES

Wenn es raschelt, sind sie gut, die Pilze. Doch bis aus prallen Scheiben schrumpelige werden, dauert es eine Weile. Glücklicherweise muss man nicht daneben stehen, wenn Apfelringen und Tomaten, Erbsen und Kirschen über Stunden ihr Wasser entzogen wird. In warmer Ofenluft oder im Dörrgerät gelingt das fast wie von selbst. Heraus kommen leckere und beinahe ewig haltbare Zutaten für Suppen, Saucen und Tees. Außerdem Fruchtiges zum Naschen.

Pilze mit Kräutern

köstlicher Vorrat für Risotto und Co.

Zubereitung: ca. 20 Min. | Trocknen (im Backofen): 3–5 Std.; (im Dörrgerät): ca. 4 Std. | Haltbarkeit: luftdicht mind. 1 Jahr

Für ca. 100 g

1 kg frische, einwandfreie Pilze (z. B. Champignons, Steinpilze, Herbsttrompeten, Kräutersaitlinge, Pfifferlinge)
2 Zweige Rosmarin
6 Zweige Thymian
1 junge Knoblauchknolle

Außerdem:

Küchengarn

Clever variieren

Pilzabschnitte, nicht mehr so schöne **Pilze** und **Pilzstiele** trocken säubern, schadhafte Stellen herausschneiden. Pilze in 2–3 mm dünne Scheiben schneiden und auf das mit Backpapier belegte Backofenblech legen. Einige **Kräuterzweige**, z. B. Petersilie, Thymian, Bohnenkraut und Rosmarin, dazwischenlegen. Pilze und Kräuter bei 50° Umluft 5–7 Std. trocknen, dann abkühlen lassen. Im Mixer pulverfein zermahlen und luftdicht aufbewahren. Das Pilzpulver zum Würzen von **Risotto, Saucen und Suppen** verwenden. Es verleiht vielen vegetarischen Gerichten Pepp.

1 Die Pilze mit einem Pinsel oder einem leicht angefeuchteten Küchentuch säubern. Die Stielenden knapp abschneiden. Die Pilze in 2–3 mm dünne Scheiben schneiden.

2 Die Kräuter abbrausen, trocken tupfen und mit Küchengarn fest zu einem Sträußchen zusammenbinden. Die Knoblauchknolle waschen, abtrocknen und quer halbieren. Aus der Mitte 2 dünne Scheiben schneiden (mit einem schönen Querschnitt), die übrige Knolle anderweitig verwenden.

3 Zwei Backbleche mit Backpapier belegen und den Backofen auf 80° Umluft einstellen. Die Pilze und die Knoblauchscheiben dicht nebeneinander auf die Backbleche legen, das Kräutersträußchen an den Rand legen. Wird im Dörrgerät getrocknet, die Knoblauchscheiben unbedingt auf ein Stück Küchenpapier legen, damit der Rost keinen Knoblauchgeschmack annimmt.

4 Die Bleche in den Ofen schieben und die Pilzscheiben 3–4 Std. trocknen (im Dörrgerät bei 50° ca. 3 ½ Std.), zwischendurch mehrmals wenden. Die Ofentür beim Trocknen einen Spaltbreit offen lassen, damit die Feuchtigkeit entweichen kann. Die Pilze sind fertig, wenn sie trocken und biegsam, zu den Rändern hin eher hart und knusprig sind. Die Kräuter können schon nach ca. 1 ½ Std. herausgenommen werden. Die Knoblauchscheiben in ca. 4 ½ Std. hart und starr werden lassen (im Dörrgerät bei 50° in 4 Std.).

5 Die getrockneten Pilze mit dem Knoblauch und den Kräutern offen abkühlen lassen und in einer luftdicht schließenden Dose aufbewahren. Vor der Verwendung ca. 30 Min. in lauwarmem Wasser einweichen. Sie schmecken in Suppen und Saucen, Gemüse- und Reisgerichten.

Bunte Gemüse für Minestrone

ein ganz besonderes Mitbringsel

Zubereitung: ca. 45 Min. | Trocknen (im Backofen): 10–12 Std.; (im Dörrgerät): 7–9 Std. | Haltbarkeit: luftdicht mind. 1 Jahr

Für ca. 130 g

200 g breite grüne Bohnen
Salz
Eiswasser
1 kleine weiße Zwiebel
3 große Möhren
150 g Knollensellerie
150 g Petersilienwurzel (ersatzweise Pastinaken)
1 Kohlrabi
2 rote Spitzpaprikaschoten
je ½ Bund Petersilie und Bohnenkraut

Außerdem:

Küchengarn

1 Die Bohnen waschen, falls nötig, entfädeln und die Enden abschneiden. Bohnen schräg in ca. 4 cm lange Stücke schneiden. Reichlich leicht gesalzenes Wasser aufkochen und die Bohnen darin ca. 3 Min. blanchieren. Herausnehmen und sofort in Eiswasser legen. Dann abgießen und zum Trocknen auf einem Geschirrtuch verteilen.

2 Die Zwiebel schälen und in ½ cm dünne Scheiben schneiden. Die Möhren schälen und in ½ cm dünne Scheiben schneiden. Sellerie und Petersilienwurzeln schälen und in ½ cm dünne, 4 cm große Stücke schneiden. Kohlrabi schälen, vierteln und in ca. 8 mm dünne Scheiben schneiden. Paprikaschoten halbieren, putzen, waschen, abtropfen lassen und quer in 2 cm breite Streifen schneiden.

3 Zwei Backbleche mit Backpapier belegen, den Backofen auf 80° Umluft einschalten. Gemüse dicht nebeneinander auf den Blechen verteilen und bei leicht geöffneter Ofentür 10–12 Std. trocknen. Gemüse wischendurch wenden und kontrollieren, harte, trockene Gemüsestücke herausnehmen. Im Dörrgerät das Gemüse bei 50° in 7–9 Std. trocknen.

4 Die Petersilie und das Bohnenkraut abbrausen, trocken schütteln und gut trocken tupfen. 2 gemischte Sträußchen zusammenstellen, mit Küchengarn fest zusammenbinden und ca. 1 Std. vor Ende der Dörrzeit in den Backofen bzw. in das Dörrgerät legen.

5 Das getrocknete Gemüse kurz offen stehen und abkühlen lassen, dann gemischt in 2 Gläser verteilen, je 1 Kräutersträußchen dazustecken. Kühl und dunkel aufbewahren.

Clever servieren

Für die Minestrone **1 gewürfelte Zwiebel** in **3 EL Olivenöl** anbraten, ca. 60 g **getrocknetes Gemüse** dazugeben. **1 kleine Dose Pizzatomaten** und **1 l kochend heißes Wasser** hinzufügen. Alles aufkochen, mit **1 EL Salz** und **Pfeffer** würzen. **1 Bund getrocknete Kräuter** hacken und unterrühren. Die Minestrone bei mittlerer Hitze ca. 40 Min. kochen. Mit **Tomatenmark** und Salz abschmecken.

Tomaten mit Petersilie

Antipasti vom Feinsten

Für ca. 200 g **1,2 kg vollreife Tomaten** waschen und halbieren, Stielansätze und Kerne entfernen. Tomaten sorgfältig trocken tupfen. Die Schnittflächen mit **Salz** bestreuen. **2 junge Knoblauchzehen** schälen und in feine Würfel schneiden. **1 kleines Bund Petersilie** abbrausen und trocken tupfen, Blätter und zarte Stiele fein hacken. Petersilie und Knoblauch in die Tomaten füllen. Backofen auf 70° Umluft einstellen, Tomaten auf zwei mit Backpapier belegte Bleche legen und 15–18 Std. trocknen, die Ofentür einen Spaltbreit offen lassen. Die fertigen Tomaten in 3 Gläser (à 210 ml) schichten. Ca. **450 ml bestes Olivenöl** auf knapp 100° erhitzen und auf die Tomaten gießen, bis sie komplett bedeckt sind, Gläser verschließen. Haltbarkeit: kühl und dunkel mind. 3 Monate.

Orientalische Auberginen

zum Füllen

Für ca. 120 g **1 ½ kg dünne Auberginen** vom türkischen Lebensmittelhändler waschen und abtrocknen. Blattmanschetten und Stiele entfernen. Jede Aubergine in 10 cm lange Stücke schneiden und mit einem spitzen, scharfen Messer bis auf einen Rand von 1 ½ cm aushöhlen, das Fruchtfleisch anderweitig verwenden. Den Backofen auf 60° Umluft einstellen. Die ausgehöhlten Auberginen mit den Schnittflächen nach unten, mit 2 cm Abstand zueinander auf zwei mit Backpapier belegte Bleche legen. Die Auberginen im Ofen 10–12 Std. trocknen, die Ofentür einen Spaltbreit offen lassen. Die Auberginen während des Trocknens mehrmals wenden. Vor der Verwendung einweichen, raffiniert füllen und zusammendrücken. Im Ofen garen. Haltbarkeit: ca. 1 Jahr.

Saucengemüse

clevere Resteverwertung

Für ca. 130 g **2 kg Gemüse**, wie **Sellerie**, **Pastinaken**, **Petersilienwurzeln** und **Möhren**, sowie **Kohlrabi**, **Zwiebeln**, **Lauch** und **Petersilienstiele** abwiegen. Gemüse bis auf Lauch schälen und in ca. 8 mm dünne Stücke schneiden. Lauch putzen, hellgrüne und weiße Teile waschen und in 8 mm dünne Ringe schneiden. Backofen auf 80° Umluft einstellen. Gemüse auf zwei mit Backpapier belegte Bleche legen und 7–9 Std. trocknen, die Ofentür einen Spaltbreit offen lassen. Mehrmals wenden, bereits getrocknetes Gemüse herausnehmen. Fertiges Gemüse offen abkühlen lassen und im Blitzhacker nicht zu fein zerkleinern. In 2 Gläsern luftdicht, dunkel und kühl aufbewahren. 2–3 EL Saucengemüse in dunklen Bratensaucen mitgaren. Haltbarkeit: ca. 1 Jahr.

Getrocknete Erbsen

für deftige Suppen

Für ca. 500 g **2 kg Erbsen** aus den Schoten palen. Reichlich Wasser mit wenig **Salz** aufkochen, die Erbsen darin portionsweise ca. 1 Min. blanchieren, in Eiswasser abschrecken und abtropfen lassen. Die Erbsen zwischen sauberen Geschirrtüchern abtrocknen und auf zwei mit Backpapier belegte Bleche verteilen. Den Backofen auf 50° Umluft einstellen und die Erbsen 10–12 Std. trocknen, die Ofentür einen Spaltbreit offen lassen (im Dörrgerät bei 50° in 8–10 Std. trocknen). Erbsen gelegentlich wenden. Die trockenen Erbsen offen abkühlen lassen und in 2 dunkle, gut schließende Gläser (à 500 ml) füllen. Vor Verwendung die Erbsen über Nacht in reichlich kaltem Wasser einweichen und mind. 1 Std. in Suppe oder Eintopf mitkochen. Haltbarkeit: mind. 1 Jahr.

Apfelringe mit Zimt

eine feine Knabberei

Für ca. 220 g den Saft von **1 Zitrone** und **1 l kaltes Wasser** in einer großen Schüssel mischen. **1 ½ kg säuerliche Äpfel** waschen und schälen, die Kerngehäuse mit dem Apfelausstecher entfernen. Die Äpfel in ½ cm dünne Scheiben schneiden, kurz in das Zitronenwasser legen, abgießen, abtropfen lassen und trocken tupfen. Zwei Backbleche mit Backpapier belegen, den Backofen auf 50° Umluft einstellen. Die Apfelscheiben nebeneinander auf die Bleche legen, mit je **1 Prise Zimtpulver** bestreuen. 6–8 Std. trocknen, die Ofentür einen Spaltbreit offen lassen (im Dörrgerät bei 50° in ca. 4 ½ Std.). Apfelringe zwischendurch wenden, bereits trocken und ledern gewordene herausnehmen. Offen abkühlen lassen und luftdicht aufbewahren. Haltbarkeit: ca. 1 Jahr.

Birnenscheiben

schön aromatisch

Für ca. 400 g den Saft von **1 Zitrone** und **1 ½ l kaltes Wasser** in einer großen Schüssel mischen. **2 kg kleine, vollreife, nicht zu süße Birnen** waschen und abtrocknen. Die Birnen mit Schale und Kerngehäuse längs in 8 mm dünne Scheiben schneiden. Die Birnenscheiben kurz in das Zitronenwasser legen. Herausnehmen und gründlich abtropfen lassen. Die Birnenscheiben nebeneinander auf den Rosten des Dörrgeräts (bei 50° in ca. 4 ½ Std.) oder auf zwei mit Backpapier belegten Blechen des Backofens bei 50° Umluft 10–12 Std. trocknen, die Ofentür einen Spaltbreit offen lassen. Die Birnenscheiben sollen biegsam sein, nicht hart. Offen abkühlen lassen und mit **2 ausgekratzten Bourbon-Vanilleschoten** luftdicht in einer Dose aufbewahren. Haltbarkeit: ca. 1 Jahr.

Sauerkirschen

Edles fürs Müsli

Für ca. 200 g **1 kg vollreife, aromatische Sauerkirschen** waschen, die Stielchen entfernen und die Kirschen zwischen mehreren Lagen Küchenpapier trocken tupfen. Mit etwas Abstand zueinander auf ein mit Backpapier belegtes Blech legen. Den Backofen auf 50° Umluft einstellen und die Kirschen darin 12–14 Std. trocknen, die Ofentür währenddessen einen Spaltbreit offen lassen. Die Kirschen gelegentlich wenden. Oder die Kirschen im Dörrgerät bei 50° in 11–13 Std. trocknen. Die fertigen Kirschen offen abkühlen lassen, dann in ein dunkles Glas füllen und an einem kühlen Ort aufbewahren. Die Kirschen vor dem Verwenden entsteinen und nach Geschmack halbieren. Haltbarkeit: ca. 1 Jahr.

Mango mit Kokos

exotischer Snack

Für ca. 100 g **2 vollreife, aromatische Mangos** schälen und das Fruchtfleisch in ca. 8 mm dünne Scheiben schneiden. **2 Limetten** auspressen und die Mangostücke rundherum mit dem Limettensaft bestreichen. Den Backofen auf 50° Umluft einstellen und zwei Backbleche mit Backpapier belegen. Die Mangostücke auf die Bleche verteilen, in den Backofen schieben und je nach Dicke 9–12 Std. trocknen, die Ofentür einen Spaltbreit offen lassen. Während des Trocknens die Mangoscheiben gelegentlich wenden. Im Dörrgerät die Mangoscheiben bei 50° in 8–11 Std. trocknen. Das Obst offen abkühlen lassen. Abwechselnd mit ca. **30 g Kokosraspeln** in eine gut schließende Dose schichten und dunkel und kühl aufbewahren. Haltbarkeit: ca. 6 Monate.

Fruchtiges Kirsch-Mango-Konfekt

gesund naschen

Zubereitung: ca. 45 Min. | Trocknen (im Backofen): ca. 15 Std.; (im Dörrgerät): ca. 14 Std. | Haltbarkeit: luftdicht ca. 3 Monate

Für 1 Backblech

1 kg frische oder TK-Sauerkirschen
200 g getrocknete Datteln
150 ml frisch gepresster Zitronensaft
5 g Apfelpektin (Onlineversand)
500 g vollreife Mango

1 Die Sauerkirschen abbrausen, abtropfen lassen und die Steine entfernen, TK-Kirschen auftauen lassen, austretenden Saft abgießen . Die Datteln halbieren und entsteinen. Beides in den Mixer geben.

2 100 ml Zitronensaft und 3 g Apfelpektin zu den Früchten geben und alle Zutaten zu einer glatten Masse pürieren. Ein Backblech mit Backpapier belegen und die Masse mit einer Palette gleichmäßig darauf verstreichen.

3 Für die zweite Fruchtmasse die Mango schälen. Das Fruchtfleisch vom Stein schneiden und mit dem übrigen Zitronensaft und dem übrigen Apfelpektin im Mixer zu einem glatten Mus zerkleinern. Die Masse in einen Teigportionierer oder in einen Einwegspritzbeutel füllen.

4 In die Kirschmasse auf dem Blech mit dem Silikonspatel Linien oder andere Muster formen und mit der Mangomasse so auffüllen, dass beide Massen gleich hoch sind.

5 Den Backofen auf 50° Umluft einstellen, das Fruchtmus hineinschieben (Mitte) und ca. 15 Std. trocknen lassen. Die Backofentür einen Spaltbreit offen lassen. Das Fruchtkonfekt ist fertig, wenn die Oberfläche trocken und stabil ist und sich das Ganze leicht vom Backpapier abziehen lässt. Zum Trocknen im Dörrgerät passende Silikonmatten unterlegen, das Konfekt braucht im Gerät bei 50° ca. 14 Std.

6 Fruchtkonfekt vom Backpapier nehmen und auf einem Gitter vollständig abkühlen lassen. Danach wieder auf das Backpapier legen und mithilfe des Papiers einrollen. In einer Blechdose luftdicht verschlossen aufbewahren. Bei Bedarf Streifen abschneiden und genießen.

Clever tauschen

Hervorragend eignen sich auch **Zwetschgen**, **Mirabellen**, **Schwarze Johannisbeeren** und **Erdbeeren** zur Zubereitung dieser gesunden Nascherei. Wer sie im Dörrgerät zubereiten möchte, benötigt passende Silikonmatten, auf die man die Fruchtmasse aufstreichen kann.

Quitten-Zitronen-Tee

fruchtig und erfrischend

Für ca. 70 g Tee den Saft von **1 Zitrone** mit **½ l kaltem Wasser** in eine Schüssel geben. **2 große, duftende Quitten** waschen, vom Flaum befreien und in ½ cm dünne Scheiben schneiden. Kurz in das Zitronenwasser legen. Herausnehmen und trocken tupfen. Den Backofen auf 70° Umluft einstellen, zwei Backbleche mit Backpapier belegen, Quittenscheiben darauflegen und 8–10 Std. trocknen, die Ofentür einen Spaltbreit offen lassen (im Dörrgerät bei 70° in 6–8 Std.). Ca. 1 Std. vor Ende der Trockenzeit **10 Stiele Zitronenverbene** und einige **Kornblumenblüten** dazulegen. Quittenscheiben klein schneiden. Blätter von Zitronenverbene und Kornblumenblüten abzupfen, untermischen, in eine luftdicht schließende Dose füllen. Haltbarkeit: ca. 1 Jahr.

Apfel-Holunder-Tee

mit feinem Blütenduft

Für ca. 70 g Tee den Saft von **2 Zitronen** mit **½ l kaltem Wasser** in eine Schüssel geben. **6 säuerliche, aromatische Äpfel** waschen, in ½ cm dünne Scheiben schneiden und kurz in das Zitronenwasser legen. Gut abtropfen lassen, nicht trocken tupfen. Den Backofen auf 70° Umluft einstellen, zwei Backbleche mit Backpapier belegen. Apfelscheiben auf die Bleche legen, 7–9 Std. trocknen, die Ofentür einen Spaltbreit offen lassen. 1 Std. vor Ende der Trockenzeit **8–10 duftende Holunderblütendolden** dazulegen. **1 Bourbon-Vanilleschote** längs aufschneiden und in Stücke schneiden. Apfelscheiben klein schneiden, Holunderblüten abzupfen und mit Apfelscheiben und Vanillestücken in einem gut schließenden Glas mischen. Haltbarkeit: ca. 1 Jahr.

Möhre-Ingwer-Aufguss

für die Fastenzeit

Für ca. 70 g Aufguss **je 3 orange- und lilafarbene Möhren** schälen (Einmalhandschuhe tragen!), längs in ½ cm dünne Scheiben schneiden. **1 große rote Spitzpaprikaschote** halbieren, putzen, waschen und in 4 cm große Stücke schneiden. **Je 1 Stück Ingwer und Kurkumawurzel (je 10 cm)** schälen, in ½ cm dünne Scheiben schneiden. Backofen auf 70° Umluft einstellen, ein Backblech mit Backpapier auslegen. Das Gemüse auf dem Blech verteilen und im Ofen 7–9 Std. trocknen, die Ofentür einen Spaltbreit offen lassen (im Dörrgerät bei 70° in 6–8 Std.). Gemüse in sehr kleine Stücke schneiden, mit **½–1 EL mildem Currypulver** mischen. Luftdicht in einer Dose aufbewahren und pro Tasse 2 TL Mischung mit 90° heißem Wasser aufbrühen. Haltbarkeit: ca. 1 Jahr.

Paprika-Aufguss

wärmt von innen

Für ca. 50 g Aufguss **8 große rote Spitzpaprikaschoten** halbieren, putzen, waschen und in 4 cm große Stücke schneiden. **3 rote Peperoni** halbieren, entkernen und in 1 cm breite Streifen schneiden. **3 Stangen Staudensellerie** waschen, putzen und in 2 cm breite Stücke schneiden. **1 rote Zwiebel** schälen und in Ringe schneiden. Backofen auf 70° Umluft einstellen, ein Backblech mit Backpapier auslegen. Das Gemüse darauflegen und 8–10 Std. trocknen, die Ofentür einen Spaltbreit offen lassen (im Dörrgerät bei 70° in 7–9 Std.). Alles klein hacken, mit **1 TL getrockneten provenzalischen Kräutern** mischen. Luftdicht in einer Dose aufbewahren. Pro Tasse 2 TL Mischung mit 90° heißem Wasser aufbrühen. Evtl. mit **Salz** abschmecken. Haltbarkeit: ca. 1 Jahr.

Getrocknete **Blüten**

sehr dekorativ

Zubereitung: ca. 50 Min. | Trocknen (im Backofen): 1–3 Std.; (im Dörrgerät): 1–3 Std. | Haltbarkeit: luftdicht ca. 1 Monat

Für ca. 60 Blüten

je 1 Handvoll makellose Stiefmütterchen-, Gänseblümchen- und Veilchenblüten
2 sehr frische Eiweiß
100 g feiner Zucker

Außerdem:

1 feiner Pinsel

1 Die Blüten, falls nötig, von Ungeziefer befreien. Dafür mit den Blüten nach unten an den Stielen halten und sachte ausschütteln. Die Eiweiße mit der Gabel verschlagen.

2 Den Zucker portionsweise in ein kleines Sieb geben. Die Blüten einzeln mit dem feinen Pinsel mit Eiweiß einstreichen. Danach mit etwas Zucker bestreuen. Den Backofen auf 50° Umluft einstellen und den Rost des Backofens mit Backpapier belegen. Die Blüten auf dem Rost verteilen und auf der mittleren Schiene je nach Größe 1–3 Std. trocknen, dabei die Ofentür einen Spaltbreit offen lassen, damit die Feuchtigkeit entweichen kann. Soll im Dörrgerät getrocknet werden, die Blüten auf den entsprechenden Rost legen und bei 50° je nach Größe in 1–3 Std. trocknen lassen.

3 Anschließend offen abkühlen lassen. Die getrockneten Blüten Schicht für Schicht mit Butterbrotpapier getrennt in einer gut schließenden Dose aufbewahren und innerhalb von 1 Monat verbrauchen.

Clever variieren

Viele andere Blüten sind ebenfalls essbar und lassen sich gut trocknen, z. B. **Borretschblüten, Kapuzinerkresseblüten, Kirsch-** und **Apfelblüten, Holunderblüten, Lavendel-, Löwenzahn-** und **Rosenblüten**. Wichtig ist nur, dass die Blüten ungespritzt und nicht zu groß und fleischig sind.

Clever haltbar machen

Länger haltbar werden die Blüten, wenn man sie statt mit Eiweiß mit einer Gummi arabicum-Lösung bestreicht. Dafür **2 TL Gummi arabicum** (Onlinehandel) mit **5 TL Wasser** in ein kleines Schraubdeckelglas füllen, verschließen und so lange schütteln, bis sich alles zu einer dicklichen Flüssigkeit vermischt hat. Die Mischung noch ein wenig quellen lassen. Dann mit dem feinen Pinsel die **vorbereiteten Blüten** mit der Mischung benetzen und sparsam mit **Zucker** bestreuen. Die gezuckerten Blüten im Dörrgerät oder im Backofen bei 50° Umluft 1–3 Std. trocknen.

Glossar

Apfelpektin
Ein Geliermittel auf pflanzlicher Basis, gewonnen aus unreifem Obst, meistens Äpfeln. Pektin wird zum Andicken von Konfitüren und Gelees verwendet, eignet sich aber auch für dicke Pasten und Fruchtkonfekt. Man bekommt es in Pulverform als »Pektin« beim Onlineversand.

Berberitzen
Sie werden auch Sauerdorn genannt und sind bei uns vor allem als Ziersträucher bekannt. Ihre kleinen roten, säuerlichen und vitaminreichen Beeren sind im Gegensatz zu der übrigen Pflanze genießbar. Sie finden vor allem in der Iranischen Küche Verwendung, aber immer häufiger auch bei uns, etwa in Müslimischungen. Man bekommt sie beim Onlineversand, in Geschäften, die auf getrocknete und kandierte Früchte spezialisiert sind oder im iranischen oder türkischen Lebensmittelgeschäft.

Bulgur
Vorgegarter, getrockneter und geschroteter Weizen. Beim Fermentieren unterstützt Bulgur (ca. 1 EL in ein Mullsäckchen oder in einen Einweg-Teefilterbeutel gefüllt) die Gärung.

Chilipulver, koreanisches (Gochugaru)
Man bekommt es im koreanischen oder asiatischen Lebensmittelgeschäft oder beim Onlineversand. Das typische Gewürz wird traditionell zur Zubereitung von Kimchi verwendet und ist durch keine andere Chilizubereitung zu ersetzen.

Dillblüten
Sie werden gerne zum Einlegen von Gurken verwendet. Die Dolden kann man selbst ziehen, indem man Dill auswachsen lässt, oder man besorgt sie beim gut sortierten Gemüsehändler, der auch Einlegegurken verkauft. Man bekommt sie zwischen Juni und August.

Einlegegurken
Sie werden ab Juni bis Anfang August geerntet. Die kleinen, oft krumm gewachsenen Gurken eignen sich nicht zum Rohverzehr. Auf ihrer Schale befinden sich stachelige Härchen, die man vor dem Einlegen abbürstet. Um die Gurken von ihren Bitterstoffen zu befreien, müssen sie vor dem Einlegen zudem gewässert werden.

Fischsauce, asiatische
Sie verleiht vielen Gerichten einen speziellen »Umami«-Geschmack, macht sie vollmundig, herzhaft und würzig. Fischsauce bekommt man im Asienladen oder beim Onlineversand.

Galgant
Die Wurzel ist ein Mitglied der Familie der Ingwergewächse, schmeckt würzig, frisch und leicht säuerlich. Die Wurzelknollen (Rhizome) finden vor allem in der südostasiatischen Küche Verwendung. Man bekommt frischen Galgant im gut sortierten Asienladen oder im Naturkostladen.

Gochugaru
Siehe »Chilipulver, koreanisches«

Gummi arabicum
Das ist der getrocknete Saft einer in Afrika wachsenden Akazienart. Pulverisiert wird Gummi arabicum als Verdickungsmittel und Emulgator in der Lebensmittelindustrie eingesetzt. Man bekommt es beim Onlineversand.

Kurkuma
Sie gehört zur Familie der Ingwergewächse. Die Wurzel (Rhizom) würzt indische und andere südostasiatische Gerichte. Kurkuma ist sowohl frisch als auch getrocknet von intensiv-gelber Farbe und färbt nicht nur die Speisen stark ein, sondern auch die Hände beim Schälen und Bearbeiten. Deshalb dabei immer Einmalhandschuhe tragen. Frischen Kurkuma bekommt man im gut sortierten Asienladen oder im Naturkostladen.

Meersalz
Es sollte fürs Fermentieren immer unraffiniert und naturbelassen sein. Man bekommt es auf jeden Fall im Bioladen. Das Salz ist gräulich, leicht feucht und enthält viele wertvolle Mineralien.

Minze, arabische
Das Kraut heißt auch Nane oder Nana-Minze, schmeckt erfrischend, würzig nach Minze und ist mit unserer heimischen Pfefferminze geschmacklich nicht zu vergleichen. Man bekommt sie frisch beim Gemüsehändler oder im Naturkostladen, oder getrocknet im türkischen oder arabischen Lebensmittelgeschäft.

Möhren, violette
Diese Möhren sind eine Rückkreuzung in Richtung Ur-Möhre. Sie

sind von satter violetter Farbe, innen können sie orangefarben sein. Die Möhren färben die Hände beim Schälen und Schneiden intensiv violett, deshalb am besten Einmalhandschuhe tragen. Sie haben einen ausgeprägten Möhrengeschmack und enthalten mehr Vitamin C, B 1 und Betakarotin als ihre orangefarbenen Verwandten. Man bekommt sie im Naturkostladen und beim Gemüsehändler.

Molke
Dabei handelt es sich um ein »Abfallprodukt«, das bei der Herstellung von Quark und Schichtkäse entsteht. Es gibt sie als sogenannte »Trinkmolke« im Naturkostgeschäft und im Reformhaus. Molke wird zur Unterstützung bei der Fermentation von Gemüse eingesetzt, gut gekühlt getrunken gilt sie auch als gesunde Erfrischung.

Oliven, schwarze
Echte schwarze Oliven sind gar nicht mehr leicht zu bekommen! Die meisten werden heute grün geerntet und mit Eisen-II-Gluconat (E579) oder Eisen-II-Lactat (E585) schwarz gefärbt. Das macht sie in der Herstellung deutlich preiswerter und unkomplizierter. Geschmacklich sind diese Oliven jedoch flach und langweilig. Am Baum ausgereifte schwarze Oliven schmecken rund und würzig und sind durch nichts zu ersetzen. Beim Einkauf die Zutatenliste studieren, die Stoffe zum Färben müssen aufgeführt sein.

Perlzwiebeln
Die Zwiebeln haben einen Durchmesser von 15–35 mm. Botanisch gehören sie zur Familie der Lauchgewächse. Ihre silbrige Haut ist sehr dünn und nicht ganz einfach zu entfernen. Wer keine Perlzwiebeln bekommt, kann stattdessen Silberzwiebeln, Steckzwiebeln oder kleine Schalotten verwenden.

Reisessig
Er findet in der japanischen Küche vor allem für Sushi Verwendung. Der klare bis leicht gelbliche Essig wird aus fermentiertem Reis oder Reiswein gewonnen und ist mit 3–6 % Säure ziemlich mild. Vorsicht beim Einkauf: Es gibt auch gesüßten Reisessig (Mirin), der zum Einlegen nicht geeignet ist. Reisessig bekommt man im Asienladen und beim Onlineversand.

Rosenblütenwasser
Als »Abfallprodukt« bei der Herstellung von Rosenöl gewonnenes Destillat, das zum Parfümieren von Marzipan und orientalischen Desserts verwendet wird. Naturreines Rosenblütenwasser bekommt man im Naturkostladen oder beim Onlineversand.

Rübchen, rot-weiße
Sie werden zwischen Oktober und April geerntet. Die äußerst Vitamin-C-reichen Rübchen können sowohl roh als auch gekocht genossen werden. Ihren roten »Kragen« rund um den Stielansatz bekommen sie durch Sonnenlicht, wenn sie aus der Erde hinauswachsen. Man erhält sie auf dem Wochenmarkt oder beim gut sortierten Gemüsehändler.

Salicorn
Heißt auch Salicornes, Queller oder Meeresspargel. Es handelt sich um ein knackiges, herb-salzig schmeckendes Gemüse, das am Meer wächst. Die jungen Triebe eignen sich zum Rohverzehr oder werden blanchiert und mit Butter als Gemüse zubereitet. Salicorn gibt es beim Fischhändler auf Vorbestellung und im sehr gut sortierten Lebensmittelgeschäft.

Szechuanpfeffer
Er schmeckt weniger scharf als schwarzer Pfeffer, leicht zitronig und holzig. Er kommt ursprünglich aus China. Erhältlich ist er im Asienladen.

Vogelaugenchilis
Diese kleinen getrockneten Chilischoten sind extrem scharf. Man bekommt sie im Asienladen oder im Bioladen. Im Ganzen mit eingekocht entwickeln die Schoten nach und nach ihre Schärfe.

Zimtblüten
Hierbei handelt es sich um die getrockneten Blütenknospen des Zimtbaumes, die mit ihrem feinen, intensiven Zimtaroma Süßspeisen, Desserts und Eingemachtes würzen. Sie schmecken weniger »holzig« als Zimtrinde. Gibt's beim Onlineversand.

Zitronensäure
Sie schmeckt intensiv sauer und wird beim Einlegen und Einmachen verwendet, um Speisen eine pikante Säure zu verleihen, ohne ihnen Flüssigkeit zuzugeben. Man bekommt Zitronensäure als Vitamin-C-Pulver im Drogeriemarkt oder in der Apotheke.

A

Apfel
- Apfel-Holunder-Tee 116
- Apfelringe mit Zimt 112
- Blaukraut mit Äpfeln 51
- Karamellisiertes Apfelkompott 75

Aprikosen: Marillen mit Berberitzen 73

Artischocken
- Artischocken mit Rosmarin, Zitronen und Orangen 37
- Grünes Frühlingsgemüse 59

Auberginen
- Geröstete Auberginen in Olivenöl 39
- Orientalische Auberginen 110

B

Balsamico-Zwetschgen 34

Basilikum
- Grüne Tomaten 87
- Tomatensauce mit Basilikum 61

Berberitzen: Marillen mit Berberitzen 73

Bieressig: Buntes Gemüse in Bierlake 85

Birnen
- Birnen mit Holunderbeeren 43
- Birnen mit Ingwer und Vanille 68
- Birnenscheiben 112

Blaukraut mit Äpfeln 51

Blumenkohl
- Blumenkohl und Romanesco mit buntem Gemüse 95
- Sauerscharfe Gemüsespießchen 33

Blüten: Getrocknete Blüten 119

Bohnen
- Breite grüne Bohnen mit Tomaten 67
- Buntes Gemüse für Minestrone 109
- Schnippelbohnen mit Bohnenkraut und Thymian 91

Bohnenkraut
- Buntes Gemüse für Minestrone 109
- Grünes Frühlingsgemüse 59
- Lauch mit Kräutern und grünem Pfeffer 96
- Schnippelbohnen mit Bohnenkraut und Thymian 91

Breite grüne Bohnen mit Tomaten 67

Bunte Möhren mit Koriander 25

Buntes Gemüse für Minestrone 109

Buntes Gemüse in Bierlake 85

C

Chili
- Geröstete Auberginen in Olivenöl 39
- Kimchi aus Chinakohl 93
- Marillen mit Berberitzen 73
- Quitten süßsauer 34
- Şalgam suyu 103
- Scharfe Rote Bete 82
- Scharfer Asia-Kürbis 35

Chinakohl: Kimchi aus Chinakohl 93

Cornichons: Pfeffergürkchen (Variante) 29

Cranberrys: Kumquats mit Cranberrys (Variante) 47

D

Datteln: Fruchtiges Kirsch-Mango-Konfekt 115

Dicke Bohnen: Grünes Frühlingsgemüse 59

Dill
- Knollensellerie mit Möhren und Orange 65
- Möhren mit Senfsamen 99
- Saure Gurken mit Dill 29

E

Erbsen: Getrocknete Erbsen 111

F

Feigen in Marsala 45

Fenchel mit Oliven 56

Feta: Gegrillte Zucchiniröllchen mit Feta in Olivenöl 41

Fruchtiges Kirsch-Mango-Konfekt 115

Frühlingszwiebeln
- Grünes Frühlingsgemüse 59
- Kimchi aus Chinakohl 93

G

Galgant: Scharfer Asia-Kürbis 35

Gari – scharfer Ingwer 35

Gebackene Pfirsiche mit Rosmarin 69

Gegrillte Zucchiniröllchen mit Feta in Olivenöl 41

Geröstete Auberginen in Olivenöl 39

Getränke
- Apfel-Holunder-Tee 116
- Möhre-Ingwer-Aufguss 117
- Paprika-Aufguss 117
- Quitten-Zitronen-Tee 116
- Şalgam suyu 103

Getrocknete Blüten 119

Getrocknete Erbsen 111

Gewürznelken
- Blaukraut mit Äpfeln 51
- Feigen in Marsala 45

Orangen in Rum-Nelken-Sirup 47
Quitten in Gewürzsirup 72
Quitten süßsauer 34
Grüne Spitzpaprika mit Minze 81
Grüne Tomaten 87
Grüner Pfeffer
Lauch mit Kräutern und grünem Pfeffer 96
Sauerscharfe Gemüse-spießchen 33
Grünes Frühlingsgemüse 59
Grünkohl mit Kartoffeln 53
Gurke
Gurkenscheiben süßsauer 31
Sauerscharfe Gemüse-spießchen 33
Saure Gurken mit Dill 29

H

Himbeeren: Rhabarber-Himbeer-Kompott 71
Holunderbeeren: Birnen mit Holunderbeeren 43
Holunderblüten: Apfel-Holunder-Tee 116
Honig
Birnen mit Holunderbeeren 43
Quitten süßsauer 34

I

Ingwer
Balsamico-Zwetschgen 34
Birnen mit Ingwer und Vanille 68
Feigen in Marsala 45
Gari – scharfer Ingwer 35
Kimchi aus Chinakohl 93
Möhre-Ingwer-Aufguss 117
Scharfer Asia-Kürbis 35

J

Johannisbeeren in Rotwein 44

K

Kapern: Geröstete Auberginen in Olivenöl 39
Karamellisiertes Apfelkompott 75
Kardamom: Feigen in Marsala 45
Kartoffeln: Grünkohl mit Kartoffeln 53
Kimchi aus Chinakohl 93
Knoblauch
Breite grüne Bohnen mit Tomaten 67
Fenchel mit Oliven 56
Gegrillte Zucchiniröllchen mit Feta in Olivenöl 41
Grüne Spitzpaprika mit Minze 81
Grüne Tomaten 87
Kimchi aus Chinakohl 93
Letscho 57
Peperoni mit Knoblauch 27
Pilze mit Kräutern 107
Salicorn mit Zitrone und Knoblauch 63
Scharfe Rote Bete 82
Spitzkohl mit Möhre und Paprika 83
Tomaten mit Petersilie 110
Tomatensauce mit Basilikum 61
Knollensellerie
Buntes Gemüse für Minestrone 109
Knollensellerie mit Möhren und Orange 65
Kohlrabi: Buntes Gemüse für Minestrone 109
Kokos: Mango mit Kokos 113
Koriander: Bunte Möhren mit Koriander 25
Kümmel
Sauerkraut mit Möhren 52
Rote Bete mit Meerrettich 97
Spitzkohl mit Möhre und Paprika 83
Weinsauerkraut 79
Kumquats mit Cranberrys (Variante) 47
Kürbis: Scharfer Asia-Kürbis 35
Kurkuma
Gurkenscheiben süßsauer 31
Kurkumakraut mit Dill (Variante) 99
Möhre-Ingwer-Aufguss 117

L

Lauch mit Kräutern und grünem Pfeffer 96
Letscho 57
Lorbeerblätter
Blaukraut mit Äpfeln 51
Blumenkohl und Romanesco mit buntem Gemüse 95
Johannisbeeren in Rotwein 44
Salzzitronen mit Kräutern 101
Sauerscharfe Gemüse-spießchen 33
Sauerkraut mit Möhren 52
Saure Gurken mit Dill 29
Schalotten mit Sherryessig 26
Weinsauerkraut 79

M

Mango
Fruchtiges Kirsch-Mango-Konfekt 115
Mango mit Kokos 113
Marillen mit Berberitzen 73
Maroni: Wirsing mit Maronen und Steinpilzen 55

Marsala: Feigen in Marsala 45
Meerrettich
Meerrettich-Rotkohl 88
Rote Bete mit Meerrettich 97
Saure Gurken mit Dill 29
Minestrone (Tipp) 109
Minze
Geröstete Auberginen in Olivenöl 39
Grüne Spitzpaprika mit Minze 81
Peperoni mit Knoblauch 27
Möhren
Bunte Möhren mit Koriander 25
Buntes Gemüse für Minestrone 109
Buntes Gemüse in Bierlake 85
Knollensellerie mit Möhren und Orange 65
Möhre-Ingwer-Aufguss 117
Möhren mit Senfsamen 99
Şalgam suyu 103
Sauerscharfe Gemüsespießchen 33
Sauerkraut mit Möhren 52
Spitzkohl mit Möhre und Paprika 83

N

Navet-Rübchen: Şalgam suyu 103

O

Oliven: Fenchel mit Oliven 56
Orange
Artischocken mit Rosmarin, Zitronen und Orangen 37
Balsamico-Zwetschgen 34
Blaukraut mit Äpfeln 51
Feigen in Marsala 45
Orangen in Rum-Nelken-Sirup 47
Schalotten mit Sherryessig 26
Orangensaft: Knollensellerie mit Möhren und Orange 65
Oregano
Letscho 57
Rosenkohl mit Oregano 89
Tomatensauce mit Basilikum 61
Orientalische Auberginen 110

P

Paprikaschoten
Blumenkohl und Romanesco mit buntem Gemüse 95
Letscho 57
Paprika-Aufguss 117
Pastinaken: Buntes Gemüse in Bierlake 85
Peperoni
Gegrillte Zucchiniröllchen mit Feta in Olivenöl 41
Grüne Tomaten 87
Paprika-Aufguss 117
Peperoni mit Knoblauch 27
Sauerscharfe Gemüsespießchen 33
Petersilie
Breite grüne Bohnen mit Tomaten 67
Buntes Gemüse für Minestrone 109
Gegrillte Zucchiniröllchen mit Feta in Olivenöl 41
Grünes Frühlingsgemüse 59
Tomaten mit Petersilie 110
Petersilienwurzel: Buntes Gemüse für Minestrone 109
Pfeffergürkchen (Variante) 29
Pfirsiche: Gebackene Pfirsiche mit Rosmarin 69
Pilze
Pilze in Olivenöl (Variante) 39
Pilze mit Kräutern 107
Pilzpulver (Clever variieren) 107
Piment
Quitten in Gewürzsirup 72
Schalotten mit Sherryessig 26
Pistazien: Fruchtiges Kirsch-Mango-Konfekt 115

Q

Quitten
Quitten in Gewürzsirup 72
Quitten süßsauer 34
Quitten-Zitronen-Tee 116

R

Rettich
Rettich-Kimchi (Variante) 93
Kimchi aus Chinakohl 93
Rhabarber-Himbeer-Kompott 71
Romanesco: Blumenkohl und Romanesco mit buntem Gemüse 95
Rosenkohl mit Oregano 89
Rosmarin
Artischocken mit Rosmarin, Zitronen und Orangen 37
Gebackene Pfirsiche mit Rosmarin 69
Letscho 57
Pilze mit Kräutern 107
Salzzitronen mit Kräutern 101
Rote Bete
Rote Bete mit Meerrettich 97
Scharfe Rote Bete 82

Rotkohl
Blaukraut mit Äpfeln 51
Meerrettich-Rotkohl 88
Rotwein: Johannisbeeren in Rotwein 44
Rum: Orangen in Rum-Nelken-Sirup 47

S

Şalgam suyu 103
Salicorn mit Zitrone und Knoblauch 63
Salzzitronen mit Kräutern 101
Saucengemüse 111
Sauerscharfe Gemüsespießchen 33
Sauerkirschen
Fruchtiges Kirsch-Mango-Konfekt 115
Sauerkirschen (getrocknete) 113
Sauerkraut
Sauerkraut mit Möhren 52
Weinsauerkraut 79
Saure Gurken mit Dill 29
Schafskäse: Gegrillte Zucchiniröllchen mit Feta in Olivenöl 41
Schalotten mit Sherryessig 26
Scharfe Gurkensticks (Variante) 31
Scharfe Rote Bete 82
Scharfer Asia-Kürbis 35
Schnippelbohnen mit Bohnenkraut und Thymian 91
Schwarzer Pfeffer
Artischocken mit Rosmarin, Zitronen und Orangen 37
Gegrillte Zucchiniröllchen mit Feta in Olivenöl 41
Grüne Tomaten 87
Schalotten mit Sherryessig 26
Scharfe Rote Bete 82
Schnippelbohnen mit Bohnenkraut und Thymian 91
Wirsing mit Maronen und Steinpilzen 55
Senf
Buntes Gemüse in Bierlake 85
Sauerkraut mit Möhren 52
Senfsamen
Gurkenscheiben süßsauer 31
Möhren mit Senfsamen 99
Saure Gurken mit Dill 29
Sherryessig: Schalotten mit Sherryessig 26
Spargel: Grünes Frühlingsgemüse 59
Spitzkohl mit Möhre und Paprika 83
Spitzpaprika
Buntes Gemüse für Minestrone 109
Grüne Spitzpaprika mit Minze 81
Möhre-Ingwer-Aufguss 117
Spitzkohl mit Möhre und Paprika 83
Staudensellerie
Buntes Gemüse in Bierlake 85
Geröstete Auberginen in Olivenöl 39
Paprika-Aufguss 117
Sauerscharfe Gemüsespießchen 33
Steinpilze: Wirsing mit Maronen und Steinpilzen 55
Sternanis: Quitten süßsauer 34
Szechuanpfeffer: Balsamico-Zwetschgen 34

T

Thymian
Lauch mit Kräutern und grünem Pfeffer 96
Letscho 57
Pilze mit Kräutern 107
Salzzitronen mit Kräutern 101
Tomaten
Breite grüne Bohnen mit Tomaten 67
Fenchel mit Oliven 56
Grüne Tomaten 87
Tomaten mit Petersilie 110
Tomatensauce mit Basilikum 61
Tomatensauce mit »verstecktem« Gemüse (Variante) 61

V

Vanilleschote
Apfel-Holunder-Tee 116
Birnen mit Ingwer und Vanille 68
Birnenscheiben 112
Karamellisiertes Apfelkompott 75
Rhabarber-Himbeer-Kompott 71

W

Wacholderbeeren
Salzzitronen mit Kräutern 101
Sauerscharfe Gemüsespießchen 33
Sauerkraut mit Möhren 52
Weinsauerkraut 79
Weinsauerkraut 79
Weißkohl
Kurkumakraut mit Dill (Variante) 99
Weinsauerkraut 79
Wirsing mit Maronen und Steinpilzen 55

Z

Zimt
Apfelringe mit Zimt 112
Birnen mit Holunderbeeren 43
Quitten süßsauer 34
Zimtblüten
Blaukraut mit Äpfeln 51
Quitten in Gewürzsirup 72
Schalotten mit Sherryessig 26
Zitronen
Artischocken mit Rosmarin, Zitronen und Orangen 37
Birnen mit Holunderbeeren 43
Birnen mit Ingwer und Vanille 68
Breite grüne Bohnen mit Tomaten 67
Feigen in Marsala 45
Fruchtiges Kirsch-Mango-Konfekt 115
Gebackene Pfirsiche mit Rosmarin 69
Grünes Frühlingsgemüse 59
Karamellisiertes Apfelkompott 75
Knollensellerie mit Möhren und Orange 65
Marillen mit Berberitzen 73
Möhren mit Senfsamen 99
Quitten in Gewürzsirup 72
Quitten-Zitronen-Tee 116
Salicorn mit Zitrone und Knoblauch 63
Salzzitronen mit Kräutern 101
Zitronengras: Scharfer Asia-Kürbis 35
Zitronenverbene: Quitten-Zitronen-Tee 116
Zucchini: Gegrillte Zucchiniröllchen mit Feta in Olivenöl 41
Zuckerschoten: Grünes Frühlingsgemüse 59
Zwetschgen: Balsamico-Zwetschgen 34
Zwiebeln
Blaukraut mit Äpfeln 51
Blumenkohl und Romanesco mit buntem Gemüse 95
Breite grüne Bohnen mit Tomaten 67
Bunte Möhren mit Koriander 25
Buntes Gemüse für Minestrone 109
Fenchel mit Oliven 56
Grüne Tomaten 87
Grünkohl mit Kartoffeln 53
Gurkenscheiben süßsauer 31
Knollensellerie mit Möhren und Orange 65
Letscho 57
Sauerscharfe Gemüsespießchen 33
Sauerkraut mit Möhren 52
Saure Gurken mit Dill 29
Scharfe Rote Bete 82
Scharfer Asia-Kürbis 35
Wirsing mit Maronen und Steinpilzen 55

Bezugsadressen

Lebensmittel und Gewürze

www.bosfood.com
www.pikantum.de
www.dragonspice.de

Gläser, Gärgefäße

www.steinzeug-schmitt.de
(u. a. auch kleine und große Gärtöpfe)
www.wildefermente.de
(u. a. auch Gewichte fürs Fermentieren)

Gläser und Flaschen

www.schiller-mayer.com
www.glaeserundflaschen.de

Vakuumiergerät/Vakuumieren von Gläsern

www.la-va.com

Dörrgeräte

www.keimling.de

Petra Casparek ist freie Autorin zahlreicher Koch- und Backbücher und Kochdozentin in München. Einmachen und eigene, gesunde Vorräte herstellen ist seit langen Jahren ihre große Leidenschaft. Dabei kommt ihr die Neugier auf kulinarische Trends zugute, der sie hier beim Thema Fermentieren ausgiebig frönen kann. Zum Thema Einmachen erschien zuletzt bei GU das erfolgreiche Standardwerk *Alles hausgemacht!*

Die Fotografinnen **Ulrike Schmid und Sabine Mader** arbeiten seit Jahren als eingespieltes Team in ihrem Fotostudio **Fotos mit Geschmack**. Mit großer Begeisterung widmeten sie sich den hausgemachten Köstlichkeiten und entdeckten die koreanische Nationalspeise Kimchi für sich.

Syndication: www.seasons.agency

Titelbildrezepte: Weinsauerkraut, S. 79 und Bunte Möhren mit Koriander, S. 25

Konzept und Projektleitung: Monika Greiner

Lektorat: Katharina Lisson

Korrektorat: Ulrike Wagner

Layout und Umschlaggestaltung: independent MedienDesign, Horst Moser, München

Herstellung: Markus Plötz

Satz: Knipping Werbung GmbH, Berg am Starnberger See

Reproduktion: Longo AG, Bozen

Druck und Bindung: Firmengruppe Appl, Wemding

ISBN 978-3-8338-5650-1
10. Auflage 2026

QUALITÄTS G|U GARANTIE

LIEBE LESERINNEN UND LESER,

wir wollen Ihnen mit diesem Buch Informationen und Anregungen geben, um Ihnen das Leben zu erleichtern oder Sie zu inspirieren, Neues auszuprobieren. Wir achten bei der Erstellung unserer Bücher auf Aktualität und stellen höchste Ansprüche an Inhalt und Gestaltung. Alle Anleitungen und Rezepte werden von unseren Autoren, jeweils Experten auf ihren Gebieten, gewissenhaft erstellt und von unseren Redakteur*innen mit größter Sorgfalt ausgewählt und geprüft.

Haben wir Ihre Erwartungen erfüllt? Sind Sie mit diesem Buch und seinen Inhalten zufrieden? Wir freuen uns auf Ihre Rückmeldung. Und wir freuen uns, wenn Sie diesen Titel weiterempfehlen, in Ihrem Freundeskreis oder bei Ihrem Online-Kauf.

Sollten wir Ihre Erwartungen so gar nicht erfüllt haben, tauschen wir Ihnen Ihr Buch jederzeit gegen ein gleichwertiges zum gleichen oder ähnlichen Thema um.

KONTAKT ZUM LESERSERVICE

GRÄFE UND UNZER VERLAG
Grillparzerstraße 8
81675 München
www.gu.de